URSULA HOFFMANN-KRAMER

100 Dinge über Mainz die man wissen sollte

WARTBERG VERLAG

Bildnachweis:
Seite 17 (Gautschen)
Seite 19 (Mainzelbahn)
Seite 53 (Fahne Gutenberg Marathon)
Seite 106 (Ortsschild Mainz-Kastel) von Maike Kramer.
Alle übrigen Bilder stammen von Ursula Hoffmann-Kramer.

Wir danken allen Lizenzträgern für die freundliche Abdruckgenehmigung. In Fällen, in denen es nicht gelang, Rechtsinhaber an Abbildungen zu ermitteln, bleiben Honoraransprüche gewahrt.

1. Auflage 2017

Gestaltung und Satz: r2 | Ravenstein, Verden
Druck: Media-Print Informationstechnologie GmbH, Paderborn
Buchbinderische Verarbeitung: Buchbinderei S. R. Büge, Celle

34281 Gudensberg-Gleichen • Im Wiesental 1
Telefon: 0 56 03/9 30 50 • www.wartberg-verlag.de
ISBN: 978-3-8313-2986-1

VORWORT

Was fällt Ihnen spontan ein, wenn Sie an Mainz denken?
Diese Frage habe ich vielen alteingesessenen Mainzern, Zugezogenen und Nichtmainzern gestellt, bevor ich begonnen habe, die Dinge zusammenzutragen, die man über Mainz wissen sollte.
Prompt wurden von allen Gruppen überwiegend die typischen Mainz-Klassiker genannt: Dom, Fassenacht, Gutenberg, ZDF, Mainzelmännchen und Mainz 05. Doch die rheinland-pfälzische Landeshauptstadt mit ihren fünfzehn Stadtteilen hat weitaus mehr an herausragenden Besonderheiten zu bieten. Mainz ist eine Stadt mit einer zweitausendjährigen wechselvollen Geschichte, in der Römer lebten, Erzbischöfe regierten und der französische Besatzer ihren Stempel aufdrückten. Sie alle haben ihre Spuren hinterlassen und den charakteristischen Meenzer und seinen unvergleichlichen Lebensstil maßgeblich geprägt.
Bekannt und besonders beliebt ist die viel gepriesene Mainzer Lebensart, die sich auszeichnet durch Offenheit, Gastfreundlichkeit, Frohsinn und Toleranz. Alles Gründe, warum sich die Menschen in Mainz wohlfühlen und gerne in den gemütlichen Weinstuben in der Altstadt bei Weck, Worscht und Woi zusammenrücken.
Sie ahnen es sicher schon, liebe Leserin und lieber Leser: In einer solch geschichtsträchtigen, lebensfrohen und kulturell geprägten Stadt gibt es an jeder Ecke und zu allen Jahreszeiten weitaus mehr als hundert Gründe, die es rechtfertigen, stolz auf Mainz zu sein. Deswegen bitte nicht erstaunt sein, wenn Sie unter den 100 beschriebenen Besonderheiten gerade Ihren Favoriten nicht finden.
Ich bin aber sicher, dass Ihnen beim Lesen genügend andere Gründe begegnen und bestimmt noch weitere einfallen werden, bei denen Sie mir uneingeschränkt zustimmen und sagen können: „Genau, so isses. Des is unser goldisches Meenz!"

Ursula Hoffmann-Kramer

INHALT

HEILIG

HOCH UND TIEF

IDEENREICH UND EIGENWILLIG

IN BEWEGUNG

LEBENSLUSTIG UND LEBENSFROH

MUSIKALISCH UND LITERARISCH

PROMINENT UND POPULÄR

SPRUDELND

TIERISCH

TRADITIONELL

TYPISCH

VERBINDEND UND TRENNEND

RIEN NE VA PLUS

MIT ODER OHNE MUSIGG

ZWEIRÄDRIG

Mainz

ALLES RUND, ODER?

DER BALL IST RUND – MAINZ 05

Mainz 05 – für die Mainzer Fans ein wichtiger und identitätsbildender Teil des Lebens – ist seit über 100 Jahren eine etablierte Institution und nicht mehr wegzudenken aus der Region. In seinem Gründungsjahr 1905 nannte sich der Vorgängerclub noch Hassia 1905, der ein paar Jahre später mit Hermania 07 fusionierte und danach in FSV Mainz 05 umgetauft wurde.

Der Mainz 05-Shop in der Innenstadt bietet den Fußball-Fans ein umfassendes Fanartikelsortiment sowie Tickets für die Bundesligaspiele.

Nach vielen Höhen und Tiefen in den vergangenen Jahren, begann 2001 die Erfolgsgeschichte des 1. FSV Mainz 05 mit Trainer Jürgen Klopp, der die Mainzer „kloptimistisch“ in die Bundesliga, die höchste Spielklasse im deutschen Fußball, führte. Der Name „Kloppo“, wie ihn die Mainzer nennen, ist auch heute noch untrennbar mit dem Mainzer Fußball verbunden, auch wenn er längst die Trainerbank in Mainz verlassen hat. Nach einem kurzem Abstieg 2007 behaupten die Nullfünfer heute längst wieder ihren Platz in der Bundesliga und haben sich weiter zu einem Profiklub entwickelt, unterstützt von treuen Fans, die aus tausend Kehlen ihren Verein musikalisch unterstützen, wenn sie den Mainz 05-Song anstimmen: „Steht auf, wenn ihr Mainzer seid.“ Ein unbeschreibliches Gefühl der Verbundenheit und des Zusammenstehens überschwemmt dann die Arena und lässt bei vielen Fans Gänsehaut entstehen. So klingen Mainzer „Emotionen pur“.

Drehen und Spenden für die Kinderhilfsaktion Herzenssache von SWR, SR und Sparda-Bank hilft, Kinder und Jugendliche zu schützen, zu unterstützen und stark zu machen.

Am Rad drehen – Die Kinderhilfsaktion Herzenssache

Glücksräder waren schon zu früheren Zeiten oft Jahrmarktsattraktionen, weil sie die Menschen automatisch dazu animieren, am Rad zu drehen. Gegen einen geringen Obolus versprechen sie dem Dreher einen kleinen Gewinn. Das bringt Freude für Groß und Klein und vor allem für die Betreiber, die häufig mit dem eingenommenen Geld einen guten Zweck verfolgen. Auch auf Mainzer Festen stehen sie immer wieder, machen auf Aktionen aufmerksam und laden zum Mitmachen ein. Beim Projekt Herzenssache e.V. handelt es sich um einen Kinderhilfsverein von SWR und der Sparda-Bank, der benachteiligte Kinder in Rheinland-Pfalz, Saarland und Baden-Württemberg unterstützt. Dabei fließt jeder gespendete Euro unmittelbar dorthin, wo's brennt. Eine tolle Sache, für die es sich lohnt, am Rad zu drehen.

MIT ODER OHNE MUSIGG? –
DER HANDKÄS'

Was entsteht aus Essig, Öl, Zwiebeln, Kümmel, Pfeffer und Salz? Musik! Eine musikalische Vinaigrette, in die ein Sauermilchkäse eingelegt wird und als Mainzer Traditionsgericht in allen Mainzer Lokalen bekannt ist. Erfunden wurde der Handkäs' schon 1813 in Groß-Gerau, also ein hessisches Produkt. Verkauft wurde er damals aber auf dem Mainzer Wochenmarkt. Die Mainzer und das Umland waren offensichtlich so überzeugt von den handgeformten Käserollen, dass die Nachfrage ständig stieg. Welche Erleichterung muss es deshalb gewesen sein, als es endlich 1893 einem Gastwirt aus Groß-Gerau gelang, eine Käseformmaschine zu entwickeln, die in der Weiterentwicklung 10 000 Stück rundgeformte Käse erbrachte. Und das stündlich. Kein Wunder also, dass ab diesem Zeitpunkt auch der Rest der Welt mit Handkäs' versorgt werden konnte. Und da Mainz Hauptumschlagplatz war, ging es von hier aus in die weite Welt: Frankreich, England, Russland und sogar nach Übersee. Als „German hand cheese" oder „Fromage à la main" ist er heute im Ausland bekannt und als deutsches Kulturgut geschätzt und dort sogar zu kaufen.

Handkäs' mit musikalischer Vinaigrette ist eine beliebte regionale Spezialität und passt hervorragend zu einem Gläschen Wein.

Handkäs' können Sie üblicherweise in zwei klassischen Varianten genießen: „nackisch", das heißt ohne Vinaigrette oder die gängigere Version „mit Musik", also einen eingelegten Handkäs' in eine Marinade aus den oben beschriebenen Zutaten. Musikalischer Stimmungsmacher ist natürlich die Zwiebel, die sich nach dem genussvollen Verzehr des Mainzer Traditionsgerichts „Luft" verschaffen will.

Die Heunensäule steht in der Mitte des Marktplatzes zwischen den charmanten Markthäusern und dem Dom und ist Treffpunkt für viele Mainzer und Mainz-Besucher.

GIGANT AUS DEM FELSENMEER – DIE HEUNENSÄULE

Welches Wahrzeichen ist 6,40 Meter hoch, wiegt 16 Tonnen und ist sandsteinrot? Richtig! Die Heunensäule auf dem Marktplatz. Dort steht sie seit dem Jahr 1975 im Schatten des Doms und erinnert uns an dessen Entstehung um die erste Jahrtausendwende. Sie kommt aus einem Felsenmeer bei Miltenberg am Main, wo nach wie vor Giganten dieses Ausmaßes seit über tausend Jahren lagern. Man nimmt an, dass die Säulen von Miltenberger Steinmetzen im Rahmen eines Großauftrags für das Bauprojekt Martinsdom gefertigt wurden, dann aber aus ungeklärten Gründen doch nicht zu ihrem Einsatzort gelangten – bis auf diese eine. Und die kam mit einer gewaltigen Verspätung, aber immerhin pünktlich zum 1000-jährigen Domjubiläum nach Mainz. Seither steht der von der Stadt Miltenberg gestiftete Sandstein-Monolith im Herzen der Stadt zwischen Dom und den charmanten Markthäusern und ist Anziehungspunkt für viele Mainzer und Touristen. Vor allem Geschichtsinteressierte kommen

Ein Fuchs lugt aus seinem Fuchsbau hervor. Was das wohl zu bedeuten hat?

bei einem Rundgang um die Säule auf ihre Kosten. Der Pfälzer Bildhauer Gernot Rumpf hat sie nämlich mit einem Bronzesockel umgeben, auf dem verschiedene Kopfbedeckungen, Figuren und Reliefs auf witzige Art und Weise über wichtige Ereignisse der Mainzer Stadtgeschichte erzählen.

RIEN NE VA PLUS – DAS SPIELCASINO

Im Jahr 1987 erhielt Mainz seine Glücksspielkonzession und eröffnete im Hilton Hotel ein Casino, in dem seither das klassische Spiel mit Roulette, Poker, Black Jack und zusätzlich rund 200 Spielautomaten beheimatet sind.
Mit der Eröffnung der Mainzer Spielbank endeten die Zeiten, als Spielfreudige noch ins nahe gelegene Wiesbaden oder weiter reisen mussten, um ihr Spiel zu machen. Denn gleichzeitig wurde das Residenzverbot aus dem 18. Jahrhundert abgeschafft, das bis dahin den Bürgern verboten hatte, in der Spielbank des eigenen Wohnortes zu spielen. So wollte man die Bürger vor einer eventuellen Glücksspielsucht und den damit verbundenen wirtschaftlichen und gesellschaftlichen Folgen in seiner eigenen Stadt schützen.
Jetzt erklingt auch in Mainz jeden Tag der magische Satz: Faites vos jeus!
Aufgrund seiner zentralen Lage gegenüber der Rheingoldhalle und nur ein paar Schritte vom Staatstheater entfernt endet manch kulturell geprägter Abend im edlen Ambiente des Mainzer Casinos. An der Bar kann man den Abend in angenehmer Atmosphäre mit einem Drink ausklingen lassen – und das ganz ohne Spielzwang, aber dafür mit Las-Vegas-Feeling inklusive. Warum also nicht mal einen Jeton auf Rot riskieren?

Im modernen Casino Mainz mit seinem edlen Ambiente geht immer was – Spiel, Spaß, Unterhaltung und Nervenkitzel.

Mainz zeigt Flagge mit dem Stadtwappen und lässt an vielen Stellen in der Stadt die Fahnen wehen.

ZWEIRÄDRIG – DAS STADTWAPPEN

Markant und unverwechselbar repräsentiert das Mainzer Stadtwappen als schräg gestelltes mit einem Kreuz verbundenes Doppelrad symbolhaft die Stadt. Und das mit kleinen Abweichungen schon seit dem 14. Jahrhundert.
Vorher diente ein einzelnes silbernes Rad auf rotem Grund als Wappen des Mainzer Erzstifts. Leider ist bis heute nicht geklärt, auf was dieses sich bezog, weshalb zahlreiche Sagen und Theorien sich mittlerweile um die Entstehung des Mainzer Rades ranken. So wird immer wieder gerne die legendäre Williges-Sage angeführt, die sich auf die einfache Herkunft des Bischofs Williges beruft.
Sein Vater soll ein Wagner gewesen sein, weshalb der Bischof das Rad als sein Wappenzeichen ausgewählt haben soll. Kann aber so nicht stimmen, weil es im 10. Jahrhundert noch keine Wappen der klassisch mittelalterlichen Art gab.
Eine andere Vermutung zur Erklärung des Wappenrads bezieht sich auf das Sonnenrad des keltischen Gottes Mogon, der Namensgeber für das römische Militärlager Mogontiacum gewesen sein soll. Eine weitere von vielen Annahmen ist die Auffassung, dass das Rad auf den Heiligen Martin, den Schutzpatron des Mainzer Doms und der Stadt Mainz zurückzuführen ist, denn das Rad ist eines der Attribute, mit dem Martin häufig dargestellt wird.
Auf jeden Fall aber steht fest, dass das Mainzer Stadtwappen dem Bistumsemblem entstammt, denn das Doppelrad konnte auf Münzen des Erzbischofs Siegfried III. von Eppstein nachgewiesen werden, der von 1230 bis 1249 die Stadt regierte. Seither hat es sich mit nur unwesentlichen Veränderungen durch die Jahrhunderte behaupten können.

MYSTERIUM IN BLAU

DAS JOHANNISFEST

DIE MAINZELBAHN

Mainz

EINZIGARTIG

DET ZEIGT UNS, WANN'S LOSGEHT – DAS AMPEL-MAINZELMÄNNCHEN

Mal leuchtet er grün, mal leuchtet er rot. Det ist der erste Mainzel-Ampelmann Deutschlands, der den Fußgängern am Neubrunnenplatz den Weg weist.

Am Fußgängerüberweg Große Bleiche in Höhe Neubrunnenplatz steht nämlich seit November 2016 die erste Mainzelmännchen-Ampel Deutschlands. Det mit der Brille und der weißen Zipfelmütze, Chef der lustigen Mainzelmännchen-Truppe, beweist

uns, dass ein Mainzelmännchen nicht nur Kapriolen drehen, sondern auch strenge Regeln vorgeben und einhalten kann. Als Ampel-Mainzelmann leuchtet er abwechselnd in Rot und Grün und regelt zuverlässig den Verkehr am meistbenutzten Fußgängerüberweg in Mainz.
Oberbürgermeister Ebling und ZDF-Intendant Dr. Bellut überquerten als erste die Straße unter Dets Augen und freuen sich über die gelungene Gemeinschaftsaktion des Mainzer Senders ZDF und der Stadt Mainz. „Mit dieser neuen Ampel wollen wir unsere Verbundenheit mit der Stadt zeigen", so die Bemerkung des Intendanten. Damit spricht er sicherlich allen Mainzern aus dem Herzen, die gleichfalls hinter den folgenden Worten ihres Oberbürgermeisters stehen: „Mainz und die Mainzelmännchen gehören zusammen."

Was für ein Panorama! Den besten Blick auf Mainz mit seinen vielen Kirchtürmen gibt es nur von der hessischen Seite aus.

„Vunn de anner Seit" – Mainz-Kastel

Um den Blick „vunn de anner Seit" zu genießen, machen sich die Mainzer Bürger gerne von Zeit zu Zeit ab „uff die ebsch Seit', wie die rechtsrheinische Seite auf meenzerisch genannt wird. Und das am besten zu Fuß oder mit dem Rad über die Theodor-Heuss-Brücke. Es sind nur knapp 500 Meter, die sich aber immer wieder lohnen. Denn vom Kasteler Rheinufer aus bietet sich den Spaziergängern und Mainz-Liebhabern ein einzigartiger Panoramablick auf das goldische Meenz mit seinen vielen Kirchtürmen und markanten Gebäuden. Fotoapparat nicht vergessen!

„HINEIN MIT IHM UND TIEF DUNKEN" – DAS JOHANNISFEST

Mit solch anfeuernden Rufen packen vier Männer einen wehrlosen Menschen an Händen und Füßen und versenken dessen Körper unter Anleitung des Gautschmeisters mehrmals schwungvoll in einem Holzbottich mit kaltem Wasser. „Jawoll, weiter so. Unn noch emol. Runner mit ihm." So lauten die fordernden Sprüche der lachenden und feixenden Meenzer und Mainz-Besucher vor der Bühne auf dem Liebfrauenplatz, wo alljährlich das weltweit größte öffentliche Gautschen im Rahmen des Mainzer Johannisfestes stattfindet. Wer den Brauch nicht kennt, muss aufgeklärt werden, dass es sich beim Gautschen um die

Das Johannisfest als größtes Mainzer Volksfest findet zu Ehren des Bibeldruckers Johannes Gutenberg immer um den Johannistag am 24. Juni statt.

Lust auf alte, ausgefallene und seltene Bücher? Dann nix wie hin zum Johannis-Büchermarkt, wo man oft wahre Schätze ergattern kann.

Beim traditionellen Gautschen packen die „Jünger Gutenbergs" den Täufling, heben die Person hoch in die Luft und tauchen sie vier-, fünfmal ins eisgekühlte Wasser unter. Damit sind sie in die „Schwarze Zunft" aufgenommen.

Buchdruckertaufe für die frisch gebackenen Gesellen von Berufen rund um die Druckkunst und Mediengestaltung handelt. Durch die Zeremonie sollen sie vom Bleistaub und von den Sünden der Lehrjahre befreit werden. Ein beeindruckendes Ritual, das schon seit dem 16. Jahrhundert existiert und heute einer der Hauptattraktionen des größten Mainzer Volksfestes darstellt, das seit 1968 zu Ehren von Johannes Gutenberg um den Johannistag am 24. Juni gefeiert wird.

MYSTERIUM IN BLAU – DIE CHAGALL-FENSTER VON ST. STEPHAN

„Können Sie mir sagen, wie ich zu der Kirche mit den Chagall-Fenstern komme?" An diese Frage von Mainz-Unkundigen sind die Mainzer schon lange gewöhnt. Immerhin besteigen jährlich rund 200 000 Besucher den Stephansberg, um die einzige Kirche in Deutschland zu besichtigen, für die der jüdische Weißrusse, Marc Chagall, sein weltweit größtes Glaskunstwerk geschaffen hat. Neun einmalige Kirchenfenster mit biblischen Motiven entstanden von des

Muss man gesehen haben: Sankt Stephan auf dem Stephansberg mit den berühmten blauen Chagall-Fenstern. Sie ist die älteste gotische Hallenkirche am Mittelrhein und zweitgrößte Kirche von Mainz.

Meisters Hand persönlich, während weitere neunzehn von seinem langjährigen Partner Charles Marq, Seniorchef des Ateliers Jacques Simon in Reims, nach Chagalls Tod gestaltet wurden. Damit erwartet den Besucher ein Fensterensemble von rund 400 Quadratmetern Glasfläche in leuchtenden Blautönen und bemalt mit schwebenden Engeln und vielen Figuren des Alten Testaments. Während des Nationalsozialismus selbst von den Nazis verfolgt, wollte der Maler mit seinem Werk ein Zeichen setzen für die deutsch-jüdische Versöhnung und für eine international friedvolle Völkerverständigung. Mit diesem Anspruch und der Aussagekraft seiner Fenster setzt Chagall damit die Tradition des Gotteshauses St. Stephan fort, dessen Vorgängerbau schon im Jahr 990 von Erzbischof Williges als Reichsgedenkstätte des Friedens errichtet wurde.

NACHWUCHS BEI DER STRASSENBAHN – DIE MAINZELBAHN

„Die Elektrisch" – so nennen die alteingesessenen Mainzer liebevoll ihre Straßenbahn – hat seit Dezember 2016 Zuwachs mit einem prominenten Namen bekommen: Mainzelbahn. Sie fährt zum Wohnort der Mainzelmännchen auf den

Staufrei, in engen Taktzeiten und mit kurzer Fahrtzeit bringt uns die neue Mainzelbahn vom Hauptbahnhof zum Lerchenberg.

Mainzer Lerchenberg, wo das ZDF beheimatet ist. Nur gut zwanzig Minuten benötigt die Null-Emisssions-Straßenbahn, um auf der 9,2 Kilometer langen, neu gebauten Strecke vom Hauptbahnhof auf den Medienberg zu „mainzeln". Mit einer engen Zeittaktung und sechzehn Haltepunkten an wichtigen Zu- und Ausstiegsstellen wie Universität, Fachhochschule, Opelarena und weiteren Stopps auf ihrem Weg zum Mainzer Medienberg bietet sie vielen Berufstätigen und Studenten eine attraktive Alternative zum Auto. Ohne Staus, pünktlich und mit kürzerer Fahrzeit erreicht man ganz entspannt sein Ziel. Parkplatzstress ade!

VON TELESIBIRSK ZUM LERCHENBERG – DAS ZDF

Tausende von Touristen und Fernsehbegeisterten besuchen jährlich den Mainzer Lerchenberg, denn dort ist eine der größten Sendeanstalten Europas beheimatet: das Zweite Deutsche Fernsehen. Seine Gründung fand im Jahr 1961 statt, als auch gleichzeitig festgelegt wurde, dass Mainz der Standort des Senders sein sollte. Wer aber nun glaubt, dass sich das Sendezentrum des „Zweiten" von Anfang an auf dem bekannten Lerchenberg befunden habe, der irrt gewaltig. Als am 1. April 1963 das ZDF zum ersten Mal auf Sendung ging, gab es diesen noch gar nicht. Der hoch gelegene neue Mainzer Ortsteil Lerchenberg wurde nämlich erst 1964 gegründet, wo das ZDF dann ein passendes Grundstück von

Das Verwaltungsgebäude des ZDF auf dem Medienberg des Stadtteils Lerchenberg. Bis Ende der 1970er-Jahre war es das höchste Gebäude der Stadt Mainz.

rund einem Quadratkilometer Fläche des neu erschlossenen Gebietes erwerben konnte. Bis zur Errichtung einer Sendezentrale in Mainz musste sich der junge Sender dann noch jahrelang mit Übergangslösungen an anderen Orten begnügen. So wurde die erste provisorische Sendezentrale im hessischen Eschborn zwischen Schafen, Schlamm und Pfützen auf einem ehemaligen Ziegeleigelände in Holzbaracken eingerichtet. Kein Wunder, dass von den Mitarbeitern sofort eine treffende Bezeichnung für diesen Ort gefunden wurde: Telesibirsk.
Nach den ersten Pionierjahren erfolgte der Umzug zum nächsten Zwischenstandort Wiesbaden, bis es Ende 1984 dann endlich soweit war. Das Sendebetriebsgebäude wurde eröffnet, und es ertönte die Ansage: „Wir schalten um ins ZDF-Sendezentrum nach Mainz." Seither werden von hier Sendungen ausgestrahlt wie das Aktuelle Sportstudio oder das heute-Journal. Besonders der sonntägliche ZDF-Fernsehgarten als eine der bekanntesten Live-Sendungen lockt seit 1986 viele Zuschauer auf den Mainzer Lerchenberg, um einmal vor Ort dabei zu sein und hautnah die Interpreten zu erleben. Das weitläufige Produktionsgelände bietet allen Besuchern die Möglichkeit, während der sonntäglichen Sommersendungen unter freiem Himmel von einem Ort eines Programmpunktes zum anderen zu flanieren und hinter die Kulissen zu schauen. Inklusive ist der einzigartige und alles überragende Blick vom „Medienberg" ins rheinhessische und hessische Umland bis hin zur Frankfurter Skyline, genannt Mainhatten. Bei schönem Wetter einfach traumhaft.

URBAN KNITTING

IMMER GUT ORIENTIERT

WEISSES GOLD

Mainz

FARBIG BIS BUNT

OASE DER RUHE – DIE GRÜNE BRÜCKE

Vor allem Mainzer Neustadtbewohner schätzen und lieben sie: die grüne Brücke für Fußgänger und Radfahrer, die sich seit 1981 über die vierspurige stark befahrene Hauptverkehrsader Rheinallee spannt und die verkehrsbelastete Neustadt mit dem Rheinufer verbindet.

Die grüne Brücke – ein umweltbewusstes Projekt, das bundesweit Aufmerksamkeit erregt hat.

Entworfen vom Umweltkünstler Dieter Magnus, ist die grüne Brücke als Kunst- und Naturlandschaft mit rund 2000 Quadratmetern Fläche längst zum Wohnort für Bienenvölker, Schmetterlinge, Fledermäuse und viele andere Insektenarten geworden. Darüber hinaus ist sie ein Treffpunkt des Stadtteils und lädt aufgrund von Sitzinseln und Wasserspielen inmitten einer abwechslungsreichen parkähnlichen Bepflanzung zum Verweilen, Ausruhen und Durchatmen ein. Für die Mainzer eine sauerstoffreiche grüne Oase, die den Verkehr unter sich begräbt und vergessen lässt.

FARBENFROH EINGESTRICKT – URBAN KNITTING

Ein richtiger Hingucker ist der eingestrickte Baum hinter der Anne-Frank-Schule. Die neue Streetart „Urban Knitting“ macht Stricken und Häkeln wieder hip.

Urban Knitting oder „städtisches Stricken“ nennt sich die neue Street Art, die 2005 in Texas entstand und fünf Jahre später auch in deutschen Städten Einzug gehalten hat. Die Kunst besteht darin, städtische Objekte wie Bäume, Straßenschilder, Betonwände oder Telefonzellen mit mehrfarbiger Wolle einzustricken. Dadurch wollen die Stricker den grauen Städtealltag bunter gestalten. Mit ihren Strickwerken setzen sie farbenfrohe Blickfänge, die die Betrachter in Erstaunen versetzen oder auch zum Nachdenken anregen sollen. So können – je nach Anlass – die umstrickten Objekte als Zeichen der Verschönerung, der interkulturellen Kommunikation, aber auch als Protest gegen industriell gefertigte Massenware gedeutet werden. Stricken als ausdrucksstarker Trend, der leicht zu erlernen ist und Menschen zusammenbringt – eine tolle Idee!

Tausende Fans pilgern regelmäßig zu den Bundesligaspielen in die Opel Arena, Heimspielstadion des 1. FSV Mainz 05, heizen das Spiel an und treiben die Stimmung hoch.

Heimat der Nullfünfer – Die Opel Arena

Seit Juli 2011 hat Mainz ein neues Fußballstadion. Es liegt am Eingang der Stadt Mainz neben dem Europakreisel mitten in den Bretzenheimer Feldern und erhebt sich mit dominantem Rot in die Höhe. In der Opel Arena finden 34 000 Zuschauer Platz, die in modernem Ambiente und typisch Mainzer Fußballatmosphäre die Spiele der Mainzer verfolgen können. Fußball-Feeling hautnah.

FRISCH GEPFLÜCKT HÄLT LÄNGER – BLUMEN SELBST PFLÜCKEN

Spontane Einladung am Sonntag und kein Geschenk? In Mainz kein Problem, denn hier gibt es noch unbebaute Grundstücke in und zwischen den Mainzer Stadtteilen, die sich mit Beginn des Frühlings in weitläufige Blumenrabatte verwandeln.

Ein bisschen Kopfrechnen kann nicht schaden, denn einen Kassierer gibt es meistens nicht. Dafür steht eine Vertrauenskasse auf dem Feld, denn nur bezahlte Blumen machen Freude.

Den Anfang machen Tulpen. Später folgen Gladiolen und Sonnenblumen. Die bunten Schönheiten werden alle zum Selberschneiden für kleines Geld angeboten. Spaß und Freude an der Natur sind inklusive. Also dann raus aufs Feld, um für sich oder für Freunde ein selbst gepflücktes Sträußchen zusammenzustellen. Persönlicher geht's kaum.

IMMER GUT ORIENTIERT – DIE STRASSENSCHILDER

Ortsunkundige Gäste, Geschäftsleute und Neuzugezogene haben in Mainz keine Orientierungsschwierigkeiten, denn: Sämtliche roten Straßen laufen auf den Rhein zu, während alle blauen Straßen parallel zum Flussufer verlaufen. Diese Besonderheit in Mainz wurde bereits Mitte des 19. Jahrhunderts auf Anraten des Arztes, Dr. Josef Anschel, eingeführt, um Fremden, Touristen und Einheimischen eine Systematik im damaligen Straßen- und Gassengewirr zu präsentieren. Gleichzeitig wurden auch die Hausnummern neu geordnet. Vorbild war eine im Jahr 1805 in Paris eingeführte und bewährte Orientierungsnummerierung, auch Zickzackprinzip genannt, wonach die Häuser auf der rechten Straßenseite gerade

Wollen Sie zum Rheinufer, dann immer rote Straßen nehmen. Doch aufgepasst: Die Hausnummern steigen an! Sonst laufen Sie in die Gegenrichtung.

und die auf der linken Straßenseite ungerade Hausnummern erhielten. Und da Straßen bekanntlich in zwei Richtungen verlaufen, legte man weiterhin fest, dass sich das Haus mit der kleinsten Zahl im Stadtkern und das Haus mit der größten Zahl am Ende der Straße Richtung stadtauswärts befindet.
Konkret bedeutet dies: Wenn Sie von der Innenstadt zum Rheinufer laufen, orientieren Sie sich einfach an den roten Straßenschildern, und achten Sie auf die aufsteigenden Hausnummern. Damit ist Verlaufen praktisch ausgeschlossen.

VERSCHWENDERISCHE BLÜTENPRACHT – DIE KIRSCHBLÜTE

Den Frühling genießen: Immer im April verwandelt sich die Ritterstraße in ein rosarotes Blütenmeer.

Jedes Jahr im April wird die Ritterstraße in der Mainzer Oberstadt zum Anziehungspunkt für Journalisten, Fotografen und Naturbegeisterte, denn dann verwandelt sich die von japanischen Kirschbäumen gesäumte Allee in ein dunkel- bis hellrosafarbenes Blütenmeer. Was für eine Pracht, die endlich das Ende des Winters und den unaufhaltsamen Beginn des Frühlings einläutet.

Selbst ernten macht Spaß!

VOM BAUM IN DEN MUND – ÄPFEL SELBST PFLÜCKEN

Frischer und vitaminreicher geht's nicht. Jährlich im September beginnt in und um Mainz die Apfelernte. Viele Obsthöfe öffnen dann ihre Pforten und laden zum Pflücken auf ihre Plantagen ein. Dabei können die Pflücker sich unmittelbar von der Qualität und Inhaltsstoffe der unterschiedlichen Apfelsorten überzeugen. Dass gerade hier die Äpfel so gut schmecken, hat mit den naturbelassenen Kalksteinböden des Rheinhessischen Hügellandes und unserem milden Klima zu tun. Ob Boskoop, ein typischer Backapfel, Elstar, Jonagold oder Gala Royal als beliebter Kinderapfel – für jeden ist die richtige Geschmacksrichtung dabei. Zusätzlich gibt es von den Plantagenbesitzern noch viele Infos und Tipps rund um den Apfel und dessen Lagerung. Los geht's mit einem Korb und dann ab durch die Apfelbaumreihen. Äpfel pflücken, riechen und schmecken. Ein tolles Erlebnis für die ganze Familie.

Schon unsere Vorfahren wussten: „An apple a day keeps the doctor away", denn Äpfel enthalten viele Vitamine und Mineralstoffe und sind super gesund.

WEISSES GOLD AUS AD FONTES – SPARGELANBAU IN FINTHEN

Mal glitzern die Folien weiß und mal schwarz auf den langen Reihen der Spargelerdwälle und regulieren dadurch ein schnelleres oder langsameres Wachstum der begehrten Stangen.

Einheimische wissen natürlich, dass es sich beim Mainzer Stadtteil Finthen um kein Abbaugebiet von Edelmetall, sondern um eines der besten Anbaugebiete für Spargel handelt. Um ein Spargel-Paradies geradezu, denn die Löss- und Lehmböden, durchmischt mit lockeren Kalksanden, bieten beste Voraussetzungen für eine hervorragende Spargelqualität. Das köstliche Freilandgemüse ist kalorienarm, vitamin- und mineralreich und entwässert. Kein Wunder also, dass Spargelliebhaber den begehrten weißen Stangen so wohlklingende Namen wie „Königsgemüse", „essbares Elfenbein" oder „weißes Gold" verliehen haben. Dazu kommt, dass die Spargelsaison recht kurz ist, was den Stellenwert des wohlschmeckenden Gewächses noch erhöht. Schon bei den alten Griechen und Römern wurde der Asparagus officinalis als Heilpflanze angebaut und war als teures Gemüse bekannt. Durch die römischen Eroberungsfeldzüge gelangte er dann in die Rhein-Main-Donau-Regionen und im ersten Jahrhundert n. Chr. schließlich in das heutige Finthen, das die Römer auf den Namen „Ad Fontes" tauften, was auf Deutsch „zu den Quellen" heißt.

Wer den Finthener Spargel noch nicht probiert hat, sollte die nächste Spargelsaison auf keinen Fall verpassen. Und immer im Auge behalten: Am 24. Juni ist alles vorbei.

Der Klassiker unter allen Spargelrezepten: Spargel mit Schinken, Butter oder Sauce Hollandaise. Dazu passt ein guter trockener Weißwein. Natürlich aus Rheinhessen!

DIE HAUSMADONNEN

HEILIGER „HELFMERDOCH"

DAS HEILIG-GEIST-SPITAL

Mainz

HEILIG

AUF DEN SPUREN DES APOSTELS DER DEUTSCHEN – BONIFATIUS

Es war einmal ein englischer Benediktinermönch namens Wynfreth, der um 675 in Südengland geboren worden war und im Alter von 40 Jahren auf den Kontinent kam, um bei den noch nicht christianisierten Völkern den christlichen Glauben zu verbreiten. Weil er bei den heidnischen Stämmen auf heftigen Widerstand stieß, pilgerte er 719 nach Rom und stellte sich unter den Schutz von Papst Gregor II. Der Papst beauftragte Wynfreth daraufhin offiziell mit der Heidenmission und gab ihm den Namen des Märtyrers Bonifatius von Tarsus, der heute noch als einer der drei Eisheiligen mit Gedenktag im Mai bekannt ist. In den folgenden Jahren bekehrte Bonifatius viele Heiden zu Christen, aber er sah auch, dass die neuen „Bekehrten" weiterhin ihre alten Götter verehrten und

Pilgern ist wieder „in". In Mainz startet die Bonifatius-Route nach Fulda zur Begräbnisstätte des ersten Erzbischofs von Mainz. Motivation vieler Menschen: „Pilgern ist Beten mit den Füßen."

beibehalten wollten. Deshalb setzte er ein nachhaltiges Zeichen und fällte an einem Kultplatz der Heiden eine gewaltige Eiche, die dem Gott Donar geweiht war. Als die Heiden sahen, dass Donar nach dem Fallen der Eiche weder Blitze noch Donner schickte, erkannten sie den christlichen Gott als den stärkeren an und ließen sich taufen. Bonifatius wurde im Verlauf der Jahre zum bedeutendsten Missionar Germaniens und wurde 732 vom Papst zum Missionserzbischof ernannt. Vierzehn Jahre später erhielt er Mainz als festen Bischofssitz und wurde erster Erzbischof in Mainz.
Zur Erinnerung steht er heute vor dem Mainzer Dom und beobachtet jahrein, jahraus das bunte Markttreiben zu seinen Füßen. Bonifatius ist nicht im Mainzer Dom begraben, sondern wurde von hier über Hochheim durch das Rhein-Main-Gebiet nach Fulda überführt und dort in seiner Lieblingsgründung, dem Kloster Fulda, beigesetzt. Die Wege des Trauerzuges wurden im Jahr 2004 zu seinem 1250. Todestag als neue Bonifatius-Pilger-Route eröffnet, die sich aufgrund des aktuellen Pilgerbooms einer großen Beliebtheit erfreut.

GENIESSEN IN SAKRALER ATMOSPHÄRE – DAS HEILIG-GEIST-SPITAL

Es hat schon einen gewissen Reiz, Deutschlands ältestes Bürgerspital, genannt Heilig-Geist-Spital. Als das Haus im Jahr 1236 von den Mainzern aus rotem Sandstein als Unterkunft für Kranke, Alte, Arme und Pilger gebaut wurde, konnte sich wohl keiner vorstellen, dass das romanische Gebäude nach rund 800 Jahren immer noch existieren würde. Ob als Altersheim für Frauen, Lagerraum,

Turnhalle, Korrektionsanstalt für Mädchen und junge Frauen, Gaststätte, Ort für Gottesdienste im Obergeschoss, Tanzlokal, Restaurant – das Heilig-Geist hat viele Besitzer und Rollenwechsel erlebt. Klar, dass über die Länge der Zeit etliche Umbau- und Sanierungsarbeiten durchgeführt werden mussten, um das Haus zu erhalten. Trotzdem wäre es uns beinahe verloren gegangen, denn am 27. Februar 1945 brannte die ganze Stadt, als ein Bombenhagel der britischen Luftwaffe auf Mainz niederging. Das Heilig-Geist-Spital stand ebenfalls in Flammen, doch nach dem Krieg konnte es wieder errichtet werden und wurde schnell als flottes Tanzlokal diesseits und jenseits des Rheins bekannt.

Seine jetzige Bestimmung erhielt das Gebäude dann in den 1970er-Jahren nach einer grundlegenden Sanierung. Als gut besuchtes Restaurant, Café und Bar bietet es heute im Innenraum ein fast sakrales Ambiente in eleganter Gotik, das von Jung und Alt gleichermaßen wegen seines historischen Flairs geschätzt wird.

Heilig-Geist-Spital: Das älteste Bürgerspital Deutschlands ist heute ein beliebtes Lokal mit Charme und historischem Flair.

HEILIGER „HELFMERDOCH" – DIE HEILIGENVEREHRUNG

Eine katholisch geprägte Stadt wie Mainz hat natürlich eine Reihe von Heiligen vorzuweisen, die als Märtyrer, Bischöfe, Gelehrte, aber auch als Jungfrauen und Witwen besonders verehrt werden. Als Ausdruck des Glaubens an die Auferstehung des Leibes werden ihre Reliquien in einem extra dafür angefertigten Schrein aus Gold, Silber und Edelsteinen in der Bardo Krypta im Mainzer Dom aufbewahrt. Zu den Reliquien von zweiundzwanzig frommen Personen gehören bekannte Namen wie Alban, Bonifatius, Rabanus Maurus, Williges, Hildegard

Der Heilige Martin thront seit 1769 als Reitersmann auf dem Dach neben dem Westturm und beschützt den Dom wie auch die Bürger der Stadt.

Die Originalfigur aus Sandstein aus dem 18. Jahrhundert hat schon einige Standorte hinter sich gebracht, bis Sankt Martin endlich 2001 auf der Kupferberg-Terrasse gelandet ist und von hier aus seine Kopie auf dem Dach des Mainzer Doms und die gesamte Stadt im Blick behält.

von Bingen und natürlich Martin von Tours, der zum Schutzpatron des Mainzer Doms und der Stadt Mainz ernannt wurde. Allen Heiligen ist gemeinsam, dass sie sich durch ihren festen Glauben und eine moralisch einwandfreie Lebensweise auszeichneten. So hat Martin der Legende nach das Leben eines Bettlers vor dem Erfrierungstod gerettet, indem er diesem die Hälfte seines Mantels überließ. Diese gute Tat, sich für einen hilfsbedürftigen Menschen einzusetzen, machte ihn zum Heiligen und Mittler zwischen Gott und den Gläubigen. Martin war bei weitem nicht der einzige Heilige, den man als Fürbitter anrief. Doch den Mainzern als frommes Völkchen reichen offensichtlich die traditionellen Heiligen nicht aus. In Lebenskrisen oder bei Missgeschicken im Alltag rufen sie spontan weitere „Heilige“ an, deren Namen sich im Laufe der Zeit aus den jeweiligen hilfsbedürftigen Situationen ergeben haben. So hört man hier häufig den

Vor der Martinus-Schule in der Weißliliengasse steht eine moderne Edelstahl-Skulptur von Martin von Tours, geschaffen von Metallbildhauer Albert Sous zum 1600. Todestag des Heiligen Mannes.

Ausruf „Heiliger Strohsack" und „Heiliger Bimbam" bei Enttäuschung, Entsetzen und Erstaunen. Auch „Heiliger Helfmerdoch" und „Heiliger Guckindieluft" werden gerne angerufen und um Hilfe gebeten. Wer all die anderen „Heiligen" der Mainzer kennenlernen will, wird diesen sicherlich über kurz oder lang im Alltag und Kontakt mit der Mainzer Bevölkerung begegnen.

Eine der größten Mainzer Madonnenfiguren steht an der Ecke des barocken Bürgerhauses Neutorstraße 3 und begrüßt die Menschen, die aus Richtung Süden in die Stadt kommen. Das Original befindet sich im Landesmuseum.

Gut beschützt in Mainz – Die Hausmadonnen

Wenn man mit offenen Augen durch die Mainzer Innenstadt schlendert und seinen Blick nach oben schweifen lässt, sieht man sie an fast jeder Ecke: die für Mainz so typischen Hausmadonnen. Meist stehen sie in der Höhe des ersten Stockes in Nischen, zieren Häuserecken oder stehen über den Hausportalen und begrüßen lächelnd die Ankommenden und Vorbeigehenden. Schön anzusehen sind sie in ihrer Unterschiedlichkeit in Bezug auf Stil, Form, Farbe, Ausdruck und der Botschaft, die sie uns Menschen mitteilen wollen. Wir Mainzer sind froh, dass nach dem Zweiten Weltkrieg von den einst 200 gotischen und barocken Muttergottes-Darstellungen wenigstens rund 60 Marienstatuen im Innenstadtbereich erhalten geblieben sind. Viele wurden im Laufe der Jahre durch Kopien ersetzt, um sie gegen Verfall und Beschädigungen zu schützen, denn immerhin haben die meisten Figuren schon mehrere hundert Jahre erlebt. Wer also einen Großteil der gotischen Originale sehen möchte, kann den beeindruckenden Madonnen im Mainzer Landesmuseum sogar auf Augenhöhe begegnen.

ZUM BEICHTEN IN DIE KAPUZINERGASSE – DAS WEINHAUS „ZUM BEICHTSTUHL"

Der „Beichtstuhl" ist eine der ältesten Mainzer Weinstuben in der Kapuzinergasse, in der sicherlich schon viele Beichten in weinseliger Runde abgelegt wurden.

In einer katholisch geprägten Stadt wie Mainz kann es nicht schaden, wenn religiöse Begriffe auch außerhalb von Kirchen zu finden sind. So dachten offensichtlich auch einige Wirtshausbesitzer, die ihre Häuser „Zur Kanzel", „Zum Klingenbeutel" oder „Zum Beichtstuhl" nannten. Das letztgenannte Weinhaus gibt es seit 1870, und es gehört damit zu den ältesten Weinwirtschaften in Mainz. Vorher wurde das barocke Haus von Schiffersleuten bewohnt, was in der Kapuzinergasse nichts Ungewöhnliches war. Denn in diesem Viertel lebten aufgrund der Nähe zum Rhein seit Hunderten von Jahren Fischer, Schiffer und Fuhrleute.
Wie kam es aber nun, dass das Gebäude, das in erster Linie weltlichen Zwecken diente, den Namen Beichtstuhl erhielt? Anlass war offensichtlich eine Legende, die sich nach wie vor um das Haus rankt. Demzufolge soll es in der benachbarten Ignazkirche einen Küster gegeben haben, der alltäglich seinen Dämmerschoppen im Wirtshaus Nr. 30 zu sich nahm. Leider konnte er seine Zeche nicht bezahlen. Als diese zu einer beträchtlichen Summe angewachsen war, drohte der Wirt, ihm ab sofort keinen Wein mehr auszuschenken. In seiner Not schleppte der Küster nun einen prachtvoll geschnitzten Beichtstuhl aus der Ignazkirche an, um seine Schulden in Naturalien zu bezahlen. Der Wirt war wohl damit zufrieden, denn er nutzte das wertvolle Holz mit den schönen Schnitzereien als Wandvertäfelung in seinem Lokal. Ob die Geschichte nun wahr ist oder nicht: Fest steht, dass die Einrichtung der kleinen gemütlichen Weinstube tatsächlich an einen Beichtstuhl erinnert.

WER TIEF GRÄBT ...

DAS DOMGEBIRGE

„LANDUNTER"

Mainz

HOCH UND TIEF

AUF DER MUHL –
DAS TOR NACH RHEINHESSEN ...

... liegt etwa 20 Kilometer entfernt von der Mainzer Innenstadt und meint den südlichsten und entfernst gelegenen Mainzer Stadtteil

Kontrastprogramm zur Innenstadt:
Im Stadtteil Ebersheim wirkt die Landeshauptstadt sehr ländlich und lädt zum Spazierengehen und Einkehren in eine der gemütlichen Gutshöfe ein.

Ebersheim. Auf den umliegenden Feldern wird Ackerbau, Obst- und vor allem Weinbau betrieben. Seit seiner Eingemeindung im Jahr 1969 findet man hier den geografisch höchsten Mainzer Punkt mit 245 Metern über NN. „Auf der Muhl" nennt sich die Erhebung auf den Feldern Ebersheims, von wo aus sich ein schöner Blick über die sanft hügelige rheinhessische Landschaft bietet. Bestens geeignet für einen erholsamen Spaziergang am Wochenende mit vielleicht anschließendem Besuch in einer der gemütlichen Straußwirtschaften oder in einem der Gutshöfe.

Kaum vorstellbar: Die Explosion des Pulverturms war so gewaltig, dass dieser Giebelstein mit einem Gewicht von 1366 Pfund rund 470 Meter weit durch die Luft flog und hier auf dem Ballplatz landete.

Hoch und weit geflogen – Der Giebelstein des Pulverturms

Kaum vorstellbar, aber wahr: Ein 1366 Pfund schwerer Giebelstein flog bei der Explosion des Pulverturms auf dem Kästrich im November 1857 rund 470 Meter weit durch die Stadt und landete auf dem Ballplatz. Die Explosion war so heftig, dass der Stein auf seinem Flug zusätzlich das Dach und mehrere Stockwerke des gegenüberliegenden Fechenbacher Hofs durchschlug. In der durch die Stadt rollenden Druckwelle starben 153 Menschen im Scherben- und Trümmerhagel. Auch die Fenster des Mainzer Doms und der Quintinskirche wurden an diesem Nachmittag zerstört. Die Ursache für die Explosion konnte leider nie zufriedenstellend aufgeklärt werden.

Der Begriff „Domgebirge“ erschließt sich einem schnell mit Blick auf die vielen unterschiedlichen Turmhöhen des Martinsdoms aus rotem Sandstein.

INNERSTÄDTISCHES GEBIRGE – DAS DOMGEBIRGE

Fahrradfahrer wissen, dass sie oft kräftig in die Pedale treten müssen, wenn sie durch das Mainzer Stadtgebiet radeln. Als Hauptstadt von Rheinhessen, dem „Land der tausend Hügel“ hat auch Mainz einige Erhebungen zu bieten, die schon vor hunderten von Jahren je nach ihrer Bebauung oder Funktion mit passenden Namen bedacht wurden. So gibt es den Jakobsberg, Linsenberg, Hartenberg, Windmühlenberg oder auch den Kästrich-Hügel, auf dessen Anhöhe einst die Römer vor rund 2000 Jahren ihr Militärlager errichtet hatten. Doch mit Hügeln allein ist es in der Stadt nicht getan. Die Mainzer haben zusätzlich noch ein hoch aufragendes innerstädtisches Gebirge zu bieten: das sogenannte Domgebirge. Mitten im Herzen der Stadt erhebt sich nämlich der tausendjährige Martinsdom aus rotem Sandstein, der mit seinen sechs Türmen unterschiedlicher Höhe wie ein gewaltiges Gebirge weithin sichtbar ist. Mit immerhin 82,5 Metern ragt der Westturm in den Himmel und bildet mit dem Domsgickel an der Spitze den höchsten historischen Punkt der Stadt. Den Grundstein für das Bauwerk legte einst Williges, Erzbischof und Reichserzkanzler des Heiligen Römischen Reiches Deutscher Nation. Zum Zeichen seiner Macht und als Stellvertreter des Papstes nördlich der Alpen begann er Ende des 10. Jahrhunderts mit der Errichtung seiner doppelchörigen, dreischiffigen Basilika nach dem Vorbild von Alt

Sankt Peter in Rom. Das imposante Gotteshaus sollte als Zentrum des Kirchenfürsten die Wichtigkeit der Mainzer Kirche neben der Papststadt Rom hervorheben. Leider brannte der Dom am Vortag seiner Weihe im August 1009 bis auf die Grundmauern ab, doch Williges und die ihm folgenden Erzbischöfe sorgten für dessen Wiederaufbau, der sich allerdings fast drei Jahrzehnte hinzog. Erst im Jahr 1036 konnte die Einweihung des Neubaus gefeiert werden, in dem fortan bis zum Zusammenbruch des Erzbistums Ende des 18. Jahrhunderts die mächtigen Erzbischöfe und Kurfürsten von Mainz residierten.

„LAND UNTER" – HOCHWASSER

Wegen Hochwasser brauchen sich die Mainzer eigentlich keine großen Gedanken zu machen. Doch das war nicht immer so. Wenn man sich die Hochwassermarkierungen auf der neoromanischen Hochwassersäule Rheinstraße/Ecke Fischtorstraße anschaut, wird schnell erkennbar, dass die historischen Wasserstände bis zum Jahr 1845 unterschiedlich weit über dem damals viel niedrigeren Straßenniveau lagen. Durch heftige Regenfälle, Gewitter, Schneeschmelze und Eisstau kam es immer wieder zu Überschwemmungen im Stadtgebiet, die Gott sei Dank nach den Rheinbegradigungen im 19. Jahrhundert stark abnahmen. Trotzdem war die Hochwassergefahr dadurch nicht gebannt. Im November 1882 sorgten wiederum anhaltende starke Regenfälle und Gewitter für einen bis dahin höchsten Wasserstand in Mainz. Teile der Mainzer Altstadt und Neustadt wurden komplett überflutet. Mit Booten fuhren die Menschen durch die Stadt und versorgten die Bürger in den oberen Stockwerken, während viele Erdgeschossbewohner ihre Häuser verlassen mussten. Erst als man vier Jahre später die Rheinstraße zum Hochwasserdamm umbaute, war Schluss mit den Überschwemmungen in den

Die Hochwassermarken auf der Sandsteinsäule Rheinstraße/Ecke Fischtorstraße erinnern den Betrachter an dramatische Hochwasserstände zwischen 1565 und 1845.

tiefer gelegenen Teilen der Stadt. Bis zu einem Pegelstand von 8,30 Meter bieten heute die zusätzlich errichteten hohen Mauern entlang des Rheinufers Schutz vor einem Übertreten des Rheins. Dies ist allerdings ein Wasserstand, den der Rhein schon seit Jahrzehnten bei weitem nicht mehr erreicht hat. Deshalb können heute die Mainzer ganz entspannt am Rheinufer entlangspazieren und die regelmäßig auftretenden und von Jahreszeiten abhängigen Wasserhochstände fotografieren, ohne sich ernsthaft Sorgen um ihre Stadt machen zu müssen.

MEENZER TWINTOWERS – DIE BONIFAZIUSTÜRME

Ein bisschen erinnern sie an die ehemaligen Zwillingstürme des World Trade Centers, auch wenn sie mit ihren 24 Etagen und 95 Metern nur etwa ein Fünftel an Höhe des ehemals alles überragenden Bauwerks von New York erreichen: die Mainzer Bonifaziustürme. Sie beherbergen Einzel- und Großraumbüros, die aufgrund der günstigen Lage direkt gegenüber dem Hauptbahnhof gut erreichbar sind und deshalb für viele Firmen einen attraktiven Standort bieten. Wer in den oberen Stockwerken arbeitet, wird zusätzlich zu Lohn und Brot mit einem fantastischen Blick in die umliegende Rhein-Main-Region belohnt. Die Türme verdanken ihren Namen der unmittelbar daneben stehenden katholischen Pfarrkirche St. Bonifaz, die mit diesem Namen wiederum an den ersten Mainzer Erzbischof Bonifatius erinnert. Seit ihrer Errichtung im Jahr 1977 stellen die beiden Giganten die höchsten Mainzer Gebäude dar und prägen als markanten Punkt die Skyline der Stadt.

Beim ersten Mainzer Treppenlauf 2004 ging es 600 Stufen hinauf in die 24. Etage der Bonifaziustürme und wieder hinunter.

DER MAINZER MONTMARTRE – DAS GAUGASSENVIERTEL

Ein bisschen Pariser Flair gefällig? Dann „ab in die Meenzer Gaugass´“. An keiner anderen Stelle in Mainz wird die verblüffende Ähnlichkeit zwischen Mainz und Paris besser erlebbar als im Gaugassenviertel rund um den Stefansberg. „Mainzer Montmartre“ nennen deshalb die Mainzer dieses Gebiet in Anlehnung an den berühmten hochgelegenen Pariser Stadtteil. Wie in Paris befinden sich rechts und links der steil ansteigenden und kurvenreichen Gaugass' Kunstgalerien, Restaurants, Cafés, Modeboutiquen, Weinlokale, Blumenläden und Gemüsehändler der unterschiedlichsten Nationalitäten. In derselben Weise wie der Pariser Montmartre mit seinem Künstlerviertel und der Kirche Sacré Coeur viele Besucher und Kunstliebhaber anlockt, begeistert in Mainz die hochgelegene Kirche St. Stephan mit den berühmten blauen Chagall-Fenstern Tausende von Touristen. Und drum herum ein Quartier mit Herz, in dem stets multikulturelles Treiben herrscht und Touristen und Mainzer gleichermaßen anzieht. Das alles ist aber keine neuzeitliche Entwicklung, denn die Gaustraße ist eine der ältesten Handelsstraßen von Mainz. Bis zurück in die Römerzeit drängten über diesen Weg Bauern, Soldaten, Händler und Besucher aus dem Mainzer Hinterland, dem Wormsgau, in die Stadt zum naheliegenden Schillerplatz, dem früheren Korn- und Viehmarkt.

Wo die Gaustraße ansteigt, da geht es hinauf auf den Mainzer Montmartre.

DAS RÖMISCHE MAINZ –
WER TIEF GRÄBT …

Von der Römerpassage aus können Sie hinabsteigen in das Heiligtum der Isis und Mater Magna und eintauchen in den kultischen Alltag der Römer.

… in Mainz, wird in der Regel fündig. Etwa fünf bis sieben Meter unter der Erde befindet sich im Innenstadtbereich die römische Schicht, die noch eine ganze Reihe von Gegenständen der früheren Bewohner von Mogontiacum in sich birgt. Die Römer haben sie einst hinterlassen, als das römische Mainz nach den Germaneneinfällen im 5. Jahrhundert n. Chr. verfiel.
Während der fast 500 Jahre dauernden Römerzeit war Mogontiacum ein Ort von großer militärischer und politischer Bedeutung und entwickelte sich schnell zum zivilen Zentrum der Region. Eine typisch römische Stadt entstand mit prächtigen Stadtvillen, einfachen Wohnhäusern, Thermen, Foren sowie Denkmäler und Tempel für die Götter. So wurde bereits im 1. Jahrhundert das Heiligtum der altägyptischen Gottheit Isis und der orientalischen Mater Magna errichtet, das vermutlich bis in das 3. Jahrhundert als Weihe- und Opferstätte genutzt wurde. Dass wir heute die Reste des Heiligtums betreten und besichtigen können, geht auf eine Baumaßnahme im Jahr 1999 zurück, als man hier die vorhandenen Häuser abriss und eine Baugrube aushob, um eine Einkaufspassage zu bauen. Dabei stieß man auf die Tempelanlage wie auch auf einen darunterliegenden Bestattungsplatz der Hallstattzeit von 680–650 vor Christus. Folge: Baustopp. 17 Monate lang waren die Archäologen anschließend mit umfangreichen Ausgrabungsarbeiten beschäftigt und legten schließlich den großen Sakralbezirk der Isis und Mater Magna frei.
Wer mehr über den römischen Tempel wissen möchte, der sollte in die „Taberna archaeologica“ in der Römerpassage hinabsteigen, wo sich das Heiligtum im flackernden Licht der Öllämpchen auf original römischem Bodenniveau präsentiert und den Besucher in die Welt des kultischen Roms entführt.

WOHNEN IM HOCHHAUS DES MITTELALTERS – DAS HAUS ZUM STEIN

Nur wer „steinreich“ war, konnte sich im Mittelalter ein Haus aus Stein leisten. Die ärmere Bevölkerung dagegen musste ihre Häuser hauptsächlich aus Holz, Stroh, Binsen und Weiden bauen. Der romanische Wohnturm in der südlichen Mainzer Altstadt, genannt „Haus zum Stein“, geht demzufolge auch auf einen wohlhabenden Besitzer zurück: Eberhardus de Lapide aus der gut situierten Patrizierfamilie Judeus zum Stein. Bereits Ende des 12. Jahrhunderts begann Eberhardus mit der Errichtung des Gebäudes, das er zunächst nur als dreistöckiges Haus vorgesehen hatte. Doch im Verlauf der Bauphase wollte Eberhardus höher bauen, denn Türme unterstrichen im Mittelalter die Bedeutung und das Ansehen einer Familie. Prompt gab es Ärger mit dem regierenden Mainzer Erzbischof, der es nicht dulden wollte, dass sein eigenes Ansehen durch einen höheren Profanbau als der Mainzer Dom geschmälert wurde. Aus Sorge darüber, dass der Erzbischof einen Baustopp oder Abriss anordnen könnte, verpflichtete sich Eberhardus, den Wohnturm nach seinem Ableben dem Mainzer Domkapitel zu vererben. Dazu kam es aber dann doch nicht. So blieb das Wohngebäude noch bis zum Aussterben des Patriziergeschlechts Ende des Mittelalters im Besitz der Familie Judeus zum Stein. Danach allerdings wechselten im Laufe der Jahrhunderte häufig die Bewohner und Besitzer. Seit dem neuen Jahrtausend befindet sich das Haus zum Stein in privaten Händen und wird von den Eigentümern oder deren Mietern bewohnt. Das zeigt, dass mit der Wiederherstellung dieses Gebäudes der Spagat zwischen mittelalterlicher Wohnkultur und unseren heutigen Wohnbedürfnissen geglückt ist.

Das Haus zum Stein ist das älteste Gebäude der Stadt und erinnert mit seiner imposanten Höhe an italienische Geschlechtertürme. Der wehrhafte Wohnturm aus dem Mittelalter ist auch heute noch bewohnt.

KUNST AM STROM

FERNSEHER DES MITTELALTERS

STOLPERN ERWÜNSCHT

Mainz

IDEENREICH UND EIGENWILLIG

BEGREIFEN DURCH ANFASSEN – DAS DOMMODELL

Als der hohe Dom zu Mainz im August 2009 seinen 1000-jährigen Geburtstag feierte, bekam er neben all der Bewunderung noch einen kleinen Bruder: einen kleinen Dom zum Anfassen, Begreifen und Bestaunen. Das maßstabsgetreue Modell aus Bronze steht zwischen Nagelsäule und Liebfrauenplatz auf einem Natursteinsockel und bietet sehgehandikapten Menschen die Möglichkeit, das gewaltige Domgebirge mit seinen einzelnen Gebäudeteilen zu ertasten und eine Vorstellung über die gewaltigen Ausmaße des Sakralbaus zu entwickeln. Wer der Blindenschrift Braille mächtig ist, kann zusätzliche Informationen über die Kathedrale auf der Bronzeplastik mit seinen Fingerkuppen erspüren. Der kleine Dom ist aber auch für die sehende Bevölkerung immer wieder eine Attraktion,

Ertasten – Erkunden – Erkennen und – Staunen. Das Dommodell auf dem Liebfrauenplatz ermöglicht dem Betrachter und Ertaster neue Perspektiven auf den Mainzer Dom.

denn aufgrund der „handlichen Größe" des Modells kann man sehr anschaulich die bauliche Struktur und unterschiedliche Architektur auf einen Blick erfassen. Für Kinder geradezu eine ideale Möglichkeit, spielerisch die Bauanordnung einer romanischen Basilika kennenzulernen.

DER SCHIEFE TURM VON MAINZ – DIE KUNSTHALLE

Wer denkt, er könne in Mainz ausschließlich auf den Spuren alter Geschichte und der Kunst vergangener Epochen wandeln, der irrt. Seit 2008 hat Mainz ein Museum für internationale und zeitgenössische Kunst, das sich durch seinen einundzwanzig Meter emporragenden schiefen Turm auch von außen als chic und modern präsentiert. Aufgrund seiner Neigung von 7 Grad ist es kein Wunder, dass dem Betrachter spontan der berühmte Bruder in Pisa einfällt, der allerdings vierundfünfzig Meter an Höhe misst und gut 600 Jahre älter ist.

Der grüne gläserne Turm mit seiner 7-Grad-Neigung ist das Highlight des Museums für Moderne Kunst.

Das Gebäude, in dem sich heute die Kunsthalle befindet, war einst das 1887 gebaute Maschinen- und Kesselhaus im Mainzer Zollhafen. Damals entstanden hier im Rahmen einer Ufererweiterung die neuen Hafenanlagen. Mit Beginn des zweiten Jahrtausends allerdings entschied der Mainzer Stadtrat, den nach dem Zweiten Weltkrieg hier angesiedelten Containerhafen ein Stück weiter rheinabwärts in das Industriegebiet Ingelheimer Aue zu verlegen. So konnte das Areal des alten Zollhafens freigegeben werden für die Errichtung eines neuen Stadtviertels mit vielen Wohnungen, Arbeitsplätzen und kulturellen Angeboten, das aktuell rund um das ehemalige Hafenbecken von 80 000 qm entsteht.

MAINZER PYRAMIDE –
DAS EVENTCENTER IN HECHTSHEIM

30 Meter hoch ist sie und damit nicht zu übersehen, wenn man auf dem Mainzer Autobahnring in Höhe des Vorortes Hechtsheim das markante Bauwerk passiert. Vielen Autofahrern schießen dann Assoziationen durch den Kopf: Ägypten, die Pyramiden von Gizeh, Grabstätten der Pharaonen, Weltwunder, vielleicht auch Urlaubserinnerungen. Eine schöne Abwechslung, der üblichen Autobahnmonotonie zu entfliehen. Gleichzeitig kommt Neugier auf, was es mit der Mainzer Pyramide auf sich hat. Denn – um eine Ruhestätte wie einst in Ägypten handelt es sich nicht. Im Gegenteil - hier toben das Leben und der Bär. Das Gebäude ist als Eventcenter für Jung und Alt konzipiert, in dem auf mehreren Ebenen verschiedene Veranstaltungen für 2000 bis 3000 Gäste gleichzeitig stattfinden können. Eine gute Akustik und Schalldämmung sorgen dafür, dass hier das Tanzbein zu heißen

Ein auffälliges Gebäude sollte es werden, und so entstand nach rund 10-jähriger Bauzeit die Mainzer Pyramide als Eventlocation im Mainzer Stadtteil Hechtsheim.

Disko-Rhythmen geschwungen werden kann, ohne dass andere Gäste im Restaurant, in den verschiedenen Lounges oder Business-Leute auf der Dachterrasse gestört werden. Getoppt wird das Ganze mit großen Fensterscheiben, die einen einmaligen Blick weit über das rheinhessische Hügelland ermöglichen.

FERNSEHER DES MITTELALTERS – DIE MAINZER ERKER

Charmant und heimelig wirken sie auf uns, die historischen Häuser mit vorgebauten Eckerkern und Erkerfensterchen aus der Renaissance- und Barockzeit. Aufgrund ihrer Bauweise erfüllten sie in einer Zeit ohne Radio, Fernsehen und Internet wichtige Funktionen und können heute quasi als „Fernseher des Mittelalters" angesehen werden. Neben der meist kunstvoll gestalteten Fassade erweiterten Erker einerseits die Wohnfläche eines Hauses und andererseits sorgte ihre größere Fensterfront für mehr Lichteinfall. Ideal war und ist dabei der Ausblick – vor allem bei Eckerkern, die den Blick in mehrere Straßen ermöglichen. Diesen günstigen Blickwinkel nutzten schon die Menschen im Mittelalter und bauten Wehrerker an Mauern, um Angreifer besser sehen und sich verteidigen zu können. Vom Erkerstübchen aus hatte man alles im Blick und bezog Informationen sozusagen aus erster Hand über das Alltagsgeschehen in der unmittelbaren Umgebung. Gerade für alte Menschen war früher das Erkerzimmer eine gute Gelegenheit, weiterhin am Alltagsleben teilnehmen zu können, Neues zu erfahren und mit anderen zu kommunizieren. Oft verbrachten sie deshalb eine beträchtliche Zeit ihres Lebensabends an dieser Stelle, bis sie eines Tages im wahrsten Sinne des Wortes „weg vom Fenster" waren.

Das Haus „Zum Hering" mit rekonstruierter Fassade von 1719 und dem imposanten Eckerker steht in der Heringsbrunnengasse. Wer im Erkerzimmer sitzt, hat alles im Blick.

KUNST AM STROM –
DIE RHEINUFERGALERIE

Sein Fauchen hat dem Tiger nur wenig geholfen: Zweimal Schwanz ab, immer wieder mit Farben bemalt und durch Einritzen verletzt. Das hält ohne restauratorische Hilfe kein Tiger aus.

Gemütlich am Rheinufer entlangschlendern, immer einen schönen Blick vor Augen und dabei zeitgenössische Kunst unter freiem Himmel genießen. Am Stresemann-Ufer zwischen Fischtorplatz und Holzturm ist das möglich. Dort befindet sich die mit viel Grün bewachsene Rheinufergalerie, die Ende der 1960er-Jahre vom Kunstbeirat der Stadt Mainz ins Leben gerufen wurde. Seither wurden neun Skulpturen von ortsansässigen oder eng mit Mainz verbundenen zeitgenössischen Künstlern angeschafft und in bestimmten Abständen entlang des Stroms platziert. Den Anfang machte der „Tiger" von Philipp Harth, der mit seinem aufgerissenen

Es scheint, als wollte der „Feuervogel" von Karl-Heinz Krause mit ästhetischen Bewegungen dem blühenden Busch entspringen.

Maul in Richtung Mainz-Kastel faucht. Warum wohl? Ihm folgten beeindruckende Figuren wie die „Stehende Tripolitanerin“ von Emy Roeder und der „Feuervogel“ von Karl-Heinz Krause, um nur einige zu nennen. Für alle Kunstwerke, die Ihnen bei einem Spaziergang entlang der Uferpromenade begegnen, wurden kleine Plaketten in den Boden oder in die Sockel eingelassen, die Informationen über den jeweiligen Künstler und sein Objekt liefern.

Boppstraße 64: Eugen Salomon war erster Präsident des Fußballvereins 1. FSV Mainz 05 und starb 1942 im KZ Auschwitz. Seine Frau und Kinder überlebten die Nazi-Zeit in Frankreich.

Stolpern erwünscht – Die Stolpersteine

Kleine Steine mit großer Wirkung – das erzielte der Kölner Künstler Gunter Demnig mit seiner Idee, vor den ehemaligen Wohnhäusern der NS-Opfer Betonwürfel mit Messingplatten im Straßenpflaster zu verlegen. Darin eingehämmert stehen die Namen und Daten der Verfolgten in der nationalsozialistischen Zeit, die den Leser zum Innehalten und Erinnern bewegen sollen. In den letzten Jahren wurden in Mainz, wie auch in vielen anderen deutschen Orten und europäischen Ländern, 10 x 10 x 10 cm große Gedenksteine bündig im Straßenpflaster gegen das Vergessen verlegt, denn: „Ein Mensch ist erst dann vergessen, wenn sein Name vergessen ist.“

WO IST DER MAINZER STRICH? – DER 50. BREITENGRAD

Diese Frage könnte von Nicht-Mainzern durchaus missverständlich interpretiert werden, aber Einheimische wissen sofort die eindeutige Antwort: vor dem Theater auf dem Gutenbergplatz. Dort befinden sich nämlich zwei in den Boden eingelassene parallele Eisenschienen, die quer über den Platz führen und einen auf der anderen Seite ebenfalls im Boden eingebetteten Globus durchlaufen. Spätestens jetzt lüftet sich das Geheimnis: Mit dem Mainzer Strich ist der 50. Grad nördlicher Breite gemeint, der Mainz durchquert und auf dem Gutenbergplatz für ein kleines Stück sichtbar gemacht wurde. Ein originelles Kunstwerk, das zum Balancieren oder Darüberspringen animiert und uns daran erinnert, dass der Breitengrad von Mainz aus unsichtbar weiterläuft, den Erdball umrundet und hier wieder ankommt. Sollten Sie sich also einmal in der Welt verirren, dann folgen Sie einfach dem 50. Breitengrad nördlicher Breite. Er führt Sie zuverlässig zurück nach Mainz.

Darauf lässt sich gut hüpfen oder balancieren. Schnurgerade läuft die Linie quer über den Gutenbergplatz und kennzeichnet den 50. Breitengrad nördlicher Breite.

DA DREHT SICH WAS

WENN´S GUDSJER REGNET

KONDITION GEFRAGT

Mainz

IN BEWEGUNG

5TH AVENUE – CHAMPS ÉLYSÉES – AUGUSTINERSTRASSE – DIE SHOPPING-MEILE

Was diese Straßen gemeinsam haben? Alle drei sind Flaniermeilen, in denen das Leben pulsiert und wo man gemütlich shoppen, feiern und essen gehen kann. Auch wenn die Augustinerstraße nicht zu den weltbekanntesten Shopping-Meilen gehört, so ist sie für die Mainz-Bewohner und -Besucher der lebendige Kern der malerischen Altstadt. Bis spät in die Nacht ist hier immer etwas los, weshalb die Einkaufsstraße auch ein ständiger Anziehungspunkt für Touristen und Ortsansässige ist. Schon in den vergangenen Jahrhunderten war sie die Prachtmeile der Erzbischöfe und Kurfürsten und bis ins 17. Jahrhundert sogar

In der malerischen Augustinerstraße wird der Einkaufsbummel zum Erlebnis.

Hauptgeschäftsstraße der Stadt. Ihren Namen erhielt die Augustinerstraße durch den gleichnamigen Bettelorden, der sich schon im 13. Jahrhundert in Mainz niederließ. Heute begeistert sie durch attraktive kleine Geschäfte, Boutiquen, Cafés und urige Weinstuben und verbreitet mit ihren abzweigenden verwinkelten Gassen die lebensfrohe und weltoffene Mainzer Atmosphäre.

ABSTEPPEN AUF DÜNENBODEN – DER LENNEBERGWALD

Tief durchatmen können die Mainzerinnen und Mainzer in ihrem geliebten Naherholungsgebiet, dem Gonsenheimer Wald, der teilweise zum Stadtteil Gonsenheim und teilweise zur angrenzenden Gemeinde Budenheim gehört. Eigentlich heißt er Lennebergwald, was auf den 176,8 m hohen Lenneberg zurückgeht, dessen moderate Erhebung besonders von Joggern, Walkern und Bikern wahrgenommen wird.

Los geht's in der Regel an der 14-Nothelfer-Kapelle in der Kapellenstraße, wo verschiedene Touren von sechs, zehn oder fünfzehn Kilometern starten. Jede Tour ist durch eine andere Farbe gekennzeichnet, mit der auch die Bäume der jeweiligen Wegstrecke besonders an Weggabelungen markiert sind. Verlaufen ist damit praktisch ausgeschlossen. Das schätzen jährlich immerhin rund eine Million Waldbesucher, die den ganz eigenen Charakter dieses Waldes erleben wollen: Steppenvegetation mit hohen Kiefer- und Eichenbäumen auf sandigem Boden mitten im kontinentalen Rheinhessen. Eine Besonderheit des Waldes,

Laufstart vor der 14-Nothelfer-Kapelle. Beliebter Treffpunkt für alle Lauf-Freaks. In Gruppen oder alleine.

der bei vielen Waldbegeisterten mediterrane Urlaubsgefühle auslöst und dazu einlädt, den Alltagsstress durch den unebenen, sandigen Waldboden zu treten – Fuß- und Seelenmassage inbegriffen.

AUSGELASSENES TREIBEN – AM ROSENMONTAG

Am Rosenmontag sind die Närrinnen und Narrhallesen schon früh auf den Beinen, um sich die besten Stehplätze entlang der Zugstrecke zu sichern. Denn bei einer halben Million an erwarteten Zuschauern kann es eng werden an den beliebtesten Standorten. Bis sich der närrische Lindwurm von neun Kilometer Länge um 11.11 Uhr in der Mainzer Neustadt in Bewegung setzt, wird schon mal kräftig vorgeschunkelt und „vorgeglüht", um dann bei bester Stimmung den Garden, Musikgruppen, Schwellköppen und Motivwagen zuzujubeln. Wenn das Wetter noch mitspielt, ist das Narrenvolk jetzt in seiner Begeisterung nicht mehr aufzuhalten und begrüßt lautstark mit unzähligen

Wichtig, den richtigen Stehplatz für den Rosenmontagszug zu finden. In der Gegend um Fort Malakoff und Südbahnhof herrscht weniger Gedränge und bietet auch Familien mit Kinderwagen einen Platz in den vorderen Reihen.

Helau-Rufen die Aktiven der rund 150 vorbeiziehenden Zugnummern. Auch wenn dem einen oder anderen bei so viel Rucki Zucki und Humba Tätärä Stimmverlust und Heiserkeit drohen: So wirklich interessiert das am Rosenmontag keinen der Fassenachtsbegeisterten, denn Aschermittwoch ist erst zwei Tage später. Und da ist ja bekanntlich alles vorbei.

DA DREHT SICH WAS – DER WEIHNACHTSMARKT

Die stimmungsvolle Weihnachtspyramide ist ein idealer Treffpunkt für viele Weihnachtsmarktbesucher. Aufgrund ihrer Höhe kann man sie nicht übersehen und sich nicht verfehlen.

Wenn die Plätze rund um den tausendjährigen Martinsdom sich in ein Lichtermeer verwandeln und der Duft von Mandeln, Zimt und Glühwein die Menschen anlockt, beginnt bekanntlich die beschauliche Advents- und Weihnachtszeit. Dann tauchen die Mainzer und ihre Besucher ein in den stimmungsvollen Budenzauber der kunsthandwerklichen und kulinarischen Verkaufsstände, der schon seit über 200 Jahren Kinderaugen erstrahlen und die Herzen von Groß und Klein höherschlagen lässt. „Nikolosemarkt“ nannte man damals den Weihnachtsmarkt mit seinen Verkaufsbuden, der erstmals im Jahr 1788 an gleicher Stelle im Schatten des Doms abgehalten wurde.

Wesentlich jünger dagegen, aber mittlerweile längst ein Wahrzeichen des Mainzer Weihnachtsmarktes, ist die hoch aufragende Pyramide aus dem Erzgebirge, die seit 2002 direkt am Höfchen, dem Eingang zum Markt, platziert ist. Mit einer Höhe von elf Metern ist sie kaum zu übersehen und wird deshalb gern zum Treffpunkt für Verabredungen gewählt.

Langsam und lautlos dreht sie ihre weihnachtlichen, winterlichen und Mainzer Figuren durch die Adventszeit. Ein idealer Platz, um sich über die Holzfiguren zu freuen und gegebenenfalls ein heiteres „Who is who“ zu starten. Denn neben den typisch weihnachtlichen Figuren drehen auf der Pyramide zahlreiche geschichtsträchtige Mainzer Gestalten ihre Runden, bekannt als Schoppestecher, Marathonläufer, Mainzelmännchen, Bajazz, Eduard Kreyßig, Gutenberg und Feldherr Drusus, um nur einige zu nennen. Für „Messfremde“ oder Neu-Mainzer eine gute Gelegenheit, bei einem Glühwein mit Mainzern ins Gespräch zu kommen, die gerne von den Geschichten erzählen, die sich um die einzelnen Figuren ranken.

KONDITION GEFRAGT – DER GUTENBERG-MARATHON

Es ist Sonntag im Wonnemonat Mai: Rund 10 000 Sportlerinnen und Sportler laufen durch die abgesperrten Straßen und wollen nur eines: ins Ziel. Und das möglichst in einer guten Zeit. Es ist der Tag des Gutenberg-Marathon-Laufs, der erstmals im Jahr 2000 aus Anlass des 600. Geburtstags von Johannes Gutenberg ins Leben gerufen wurde. Seither findet er alljährlich an einem Mai-Sonntag statt und bietet im Rahmen seines Veranstaltungsprogramms für alte und junge Laufbegeisterte unterschiedliche Strecken und Läufe an. Wem die klassischen 42,195 Kilometer zu lang sind,

Wenn im Frühjahr die Marathon-Fahnen in Mainz gehisst werden, geht es in die letzte Trainingsphase der Läufer für den alljährlichen Marathon-Wettbewerb im Mai.

kann sich seine Medaille auch mit dem Halbmarathon erlaufen. Auch ein Rennen für Handbiker, Staffelläufe, Schülerlauf und Kinder-Fun-Lauf für Grundschüler werden angeboten. Und wer es wieder nicht geschafft hat, selbst mitzulaufen, ist natürlich eingeladen, die Läufer an der Strecke anzufeuern und später zur Musik von vielen guten Musikgruppen mitzufeiern. Dabei sein ist eben alles.

SIGHTSEEING AUF RÄDERN – DER GUTENBERG-EXPRESS

Lustig sieht sie aus, die kleine rote Bimmelbahn mit ihrer riesigen Lok und zwei Waggons, genannt Gutenberg-Express. Wer sich einen kurzen Überblick über die Hauptsehenswürdigkeiten und schönsten Ecken von Mainz verschaffen will, aber nur wenig Zeit hat oder schlecht zu Fuß ist, der sollte einsteigen und sich überraschen lassen. Los geht's auf dem Gutenbergplatz neben dem Theater. Hier endet die Tour auch wieder nach gut einer Stunde Fahrt, wenn man einfach sitzen geblieben ist. Ansonsten kann man für Besichtigungen oder Einkäufe an allen anderen Stopps aussteigen und zu einem späteren Zeitpunkt wieder weiterfahren. Das ist auch einer der Gründe, warum der kleine Express nicht nur

Einsteigen bitte! Und gute Fahrt mit dem roten Gutenberg-Express, der Sie zu vielen historischen Stätten und Highlights der Stadt bringt.

für Touristen, sondern auch für alteingesessene Bewohner interessant ist, die ihn wegen seiner zusätzlichen Haltepunkte gerne als Alternative zu den öffentlichen Verkehrsmitteln nutzen. Nicht selten kommt es dann im Bähnchen zu interessanten Gesprächen zwischen den Stadtbesuchern und Mainz-Insidern, die gern ihre Kenntnisse und Tipps untereinander austauschen.

2013 erhielt der Domsgickel ein neues goldenes Federkleid. Aug in Aug mit dem Hahn beeindruckt seine Höhe von 95 cm und Breite von 112 cm.

Wenn de Gickel in de Rhoi guckt ... – Der „Domsgickel“

... dann werd's Wetter gut, und der Regenschirm kann zuhause bleiben. Darauf schwört der Mainzer und schaut täglich auf die Spitze des Dom-Westturms, wo in mehr als 80 Meter Höhe der goldene Wetterhahn, genannt „Domsgickel“, thront.

Seit seinem Geburtsjahr 1773 dreht er seinen Schwanz nach dem Wind und kündigt schlechtes Wetter an, wenn dieser von Westen weht. Als zuverlässiger Wetterprophet ist der Domsgickel längst zu einem Wahrzeichen der Stadt geworden. Da er in zugiger Höhe schutzlos Wind und Wetter ausgeliefert ist, musste er im Laufe seines Lebens schon einige Male schönheitsoperiert werden. Die letzte kosmetische Behandlung fand 2013 statt. Dafür musste der Gickel für mehrere Monate vom Dach und erhielt ein neues Federkleid aus Blattgold. Jetzt erstrahlt er wieder in neuem Glanz und kann nach seiner Rundumerneuerung hoffentlich wieder viele Jahre der Witterung standhalten.

WENN'S GUDSJER REGNET ... – DER ROSENMONTAGSUMZUG

... herrscht Ausnahmezustand in der Fassenachts-Hochburg Mainz: Es ist Rosenmontag und damit der Höhepunkt der fünften Jahreszeit. Große und vor allem kleine Narren drängen sich in die erste Reihe entlang der Zugstrecke, um allerlei Naschzeug wie Lutscher, Kaugummis, Chips, aber auch Luftballons, Werbeartikel und sonstigen Kleinkram zu fangen oder vom Boden aufzusammeln. Auch Liebhaber von „Herzhaftem" gehen nicht leer aus: Tausende von einzeln in Folie verpackte Keesjer fliegen quasi von der Hand in den Mund der Helau-Rufenden und sorgen für eine solide Grundlage fürs Fläschje Woi. Der gehaltvolle und bunte Regen hält gut fünf Stunden an, denn solange schlängelt sich der Umzug durch die Stadt, bis auch der letzte Wagen sein Ziel erreicht hat. Rund 160 Tonnen Naschzeug und Konfetti haben die Fassenachtsaktiven von den Prunkwagen und aus den Zuggruppen dann ins Narrenvolk geworfen. Jetzt können die Regenschirme, die zum Teil zum Fangen benutzt wurden, wieder zusammengeklappt und die Beute nach Hause getragen werden. Der große Regen ist vorbei. Helau.

Daheim wird die Fassenachts-Ausbeute erst einmal stolz gesichtet und dann natürlich „vernichtet".

WINDSCHNELL GERUTSCHT

DAS LUMPENGLÖCKLEIN

BERMUDADREIECK

Mainz

LEBENSLUSTIG UND LEBENSFROH

FRÖHLICHE ZECHER – SCHOPPENSTECHER UND SCHNUDEDUNKER

Kein anderer könnte die Mainzer Lebenslust mit ihrer Trink- und Zechfreudigkeit besser personalisieren als das bronzene Standbild des Meenzer Schoppenstechers. Wer dessen Denkmal sehen möchte, macht sich am besten auf den Weg in die Schillerstraße und lenkt seine Schritte in Richtung Proviant-Magazin. Seit der 2000-Jahr-Feier der Stadt Mainz im Jahr 1962 steht er dort am Straßenrand neben dem Schönborner Hof als gedrungener, rundlicher und glückselig grinsender Mensch und prostet freundlich den Vorbeigehenden mit seinem „Schoppenglas", auch „Mainzer Stange" genannt, zu.

„Prost" ruft er uns zu, der wohlbeleibte Schoppenstecher und verspricht mit seinem weinseligen Grinsen höchstes Wohlbefinden beim Genießen eines Meenzer Schoppens.

Was für Ur-Mainzer geläufige Weinglas-Bezeichnungen sind, muss vielleicht für nicht ganz so sattelfeste Mainz-Liebhaber und Wahlmainzer an dieser Stelle erklärt werden: Beim Schoppen handelt es sich eigentlich um einen halben Liter, der aber in Mainz und Umgebung in einem 0,4-Liter-Weinglas, genannt „Mainzer Stange" oder „Schoppenglas" ausgeschenkt wird. In diesem typischen Mainzer Weinglas genießt der echte Meenzer entweder seinen Schoppenwein pur oder lässt die Hälfte mit Wasser zum sogenannten Sauergespritzten auffüllen. Da die Mainzer Stange hoch und schmal ist, ist sie besonders für Weintrinker geeignet, die ihre Weinnasen gerne tief und ausdauernd in ein Schoppenglas hineinstecken, wodurch der typische „Schoppenstecher" geboren war. Doch Vorsicht: Nicht verwechseln mit dem „Schnudedunker". Dieser meenzerische Ausdruck steht für einen „Woitrinker, der soi Schnud am liebsten dort in e Gläsje dunkt, wo's ihn nix kostet dud".

MAINZER BERMUDADREIECK – WEINSTUBEN IN DER ALTSTADT

Kaum erwärmen die ersten Sonnenstrahlen die Stadt, möblieren viele Gastronomen die Bereiche vor ihren Gaststätten mit Tischen und Bänken. So auch in der verkehrsberuhigten Jakobsbergstraße der südlichen Mainzer Altstadt, wo drei alteingesessene Lokale mit Namen Lösch, Michel und Bacchus ein gemütliches Weinstuben-Dreieck bilden. Aufgrund der Enge der Altstadtgasse stehen dort in der warmen Jahreszeit Stuhl an Stuhl und Tisch an Tisch. Da kann es schon mal passieren, dass der eine oder andere trinkfreudige Zecher zur vorgerückten Stunde nicht mehr weiß, auf wessen Stuhl er seinen Wein genießt. Es soll auch immer wieder vorkommen, dass so mancher Weinkneipengänger nach übermäßi-

Die drei sich gegenüberliegenden Altstadt-Weinlokale laden zum Zusammenrücken und Chillen ein. Doch Vorsicht: Rechtzeitig die Kurve kriegen, damit das feucht-fröhliche Pflaster nicht zum Bermudadreieck wird.

gem Alkoholgenuss für die nächsten Tage unauffindbar verschwunden ist, weshalb die Mainzer schnell einen Namen für diese feucht-fröhliche Örtlichkeit gefunden haben: „Bermudadreieck“. Aber keine Panik: Im Gegensatz zu den Verunfallten im westatlantischen Seegebiet sind in Mainz die „Abgetauchten“ bisher immer wieder unversehrt aufgetaucht.

HÜPFEN IM EIGENEN TAKT – DAS TANZGLOCKENSPIEL

Wenn Sie schon immer mal zu Ihren eigenen Melodien und Rhythmen tanzen wollten, dann sind Sie am Rheinufer in der Nähe des Hilton Hotels genau richtig. Dort neben dem Kurfürstenbrunnen befindet sich ein in den Boden eingelassenes Tanzglockenspiel, das alle vorbeikommenden Rheinufer-Flaneure zum Hüpfen, Springen und Tanzen einlädt. Das „wegbegleitende Spiel“, wie es in Amtsdeutsch heißt, besteht aus neun Metall-Klangplatten, die genauso viele unterschiedliche Töne hervorbringen können. Dazu brauchen Sie ein bisschen Schwung und ihre Füße. Wenn Sie dann noch die Klangsteine in der richtigen Reihenfolge treffen, können Sie Ihre Lieblingsmelodie erklingen lassen. Möglich ist das durch eine installierte Hammermechanik unter den Bronzefliesen, die beim Herumhüpfen und Springen die glockenähnlichen Töne erzeugt.

Ein Fall von Multitasking: Durch sportliches Hüpfen gleichzeitig Musik machen. Auf den Klangsteinen kann jeder mit seinen Füßen seine musikalische Ader entdecken.

ZWISCHEN SCHWELLKÖPP UND MOTIVWAGEN – DIE STRASSENFASTNACHT

An Fastnachtssonntag hält es die Narren nicht zuhause: Tanzen, Schunkeln und Singen mit den Schwellköpp rund um den Schillerplatz sind der Auftakt für den Rosenmontag.

Spätestens ab Altweiberfastnacht um 11.11 Uhr sind die Narren in Mainz nicht mehr zu halten, denn dann beginnt die „Fassenacht uff de Gass". Bunt, ausgelassen und närrisch ist es jetzt in der Stadt, und Fastnachtsmuffel bleiben besser zuhause oder haben schon längst das närrische Feld für einen „fastnachtsfreien" Urlaub geräumt. Das heißt, die Narren und Fastnachtsfreunde sind unter sich und verbreiten ein ausgelassenes Gefühl der Lebensfreude in Mainz. Von Tag zu Tag steigert sich jetzt die Stimmung bis zum Rosenmontag, dem höchsten närrischen Feiertag, an dem sich der Rosenmontagsumzug als krönender Höhepunkt der Meenzer Fassenacht wie ein Lindwurm durch das Mainzer Stadtgebiet schlängelt. Eines seiner Markenzeichen sind die prächtigen Motivwagen des Mainzer Carneval Vereins, die Jahr für Jahr regionale und weltweit drängende Themen des Volkes kritisch aufgreifen und bekannte Personen aus Politik und Gesellschaft überlebensgroß karikiert darstellen. Schmunzeln und Lachen garantiert – vor allem beim Lesen der satirischen Texte auf den Motivwagen, was allerdings am Rosenmontag bei rund einer halben Million Zuschauer nicht immer gut gelingt. Deshalb werden die

Kam gut an: Der Motivwagen „Gartenzwerge" von 2017 wurde von vielen Narren bestaunt und begeistert studiert und fotografiert.

Motivwagen am Fastnachtssonntag auf der Ludwigstraße, der Feiermeile „Lu", hintereinander aufgestellt, damit das vorbeiflanierende närrische Volk ausreichend Gelegenheit hat, die Texte und Verse eingehend zu inspizieren und die Motivwagen aus der Nähe zu fotografieren. Auch die Schwellköpp mischen sich unter die Narren und lassen sich gerne mit den Feiernden fürs Familienalbum abbilden. Gemeinsam wird zu Livemusik getanzt, gesungen, geschunkelt und sich gegenseitig eingestimmt auf den Rosenmontag, der mit Sicherheit die super Stimmung noch toppt.

Und wenn dann das Wetter noch mitspielt, sind sich die Meenzer ganz sicher: „Unser Wettergott Petrus konn nur en Meenzer soi."

Sonne - Sand - Sport - Strand und mehr. Das alles erleben Sie am Mainz-Strand. Inklusive einem traumhaften Blick auf den romantischen Rhein.

Warum in die Ferne schweifen – Am Mainz-Strand

Die schönsten Wochen im Jahr gehen in aller Regel am schnellsten vorbei. Nicht so in Mainz. Hier kommen Strandbegeisterte von Anfang Mai bis Ende September auf ihre Kosten, wenn die Sonne mitspielt. Am 250 Meter langen Mainz-Strand unterhalb der Theodor-Heuss-Brücke finden Sonnenanbeter und Schattengenießer alles, was sie zum Chillen brauchen: Ein gepflegter Sandstrand am Rheinufer mit gemütlichen Sitzzonen, Liegestühlen und bunten Hängematten. Leckere Drinks und Cocktails, die an ferne Länder erinnern zu Spezialitäten vom Grill, runden das Ganze ab. Und wer sich bewegen will, kann sich austoben bei Beachvolleyball, Wasserski und Banane fahren, Jumping Fitness, Latin-Dance-Workshops sowie Zumba- und Salsa-Kursen mit anschließender Salsa-Party. Natürlich alles im passenden Ambiente unter Palmen und Schilf-Sonnenschirmen mit einem traumhaften Blick auf den Rhein bis ins hessische Ausland – Latin-Feeling vorprogrammiert. Warum also noch in die Ferne schweifen?

Im Turm der spätgotischen Hallenkirche Sankt Quintin hängt die älteste Glocke von Mainz, genannt das „Lumpenglöcklein".

WEM DIE STUNDE SCHLÄGT – DAS LUMPENGLÖCKLEIN

Mainz muss schon im Mittelalter ein trink- und feierfreudiges Pflaster gewesen sein, wenn man der Anekdote des Lumpenglöckleins von St. Quintin glaubt. Der Überlieferung nach haben im 13. Jahrhundert die Frauen des Pfarrbezirks St. Quintin untereinander Geld und Wertsachen gesammelt, um daraus eine 115 Kilogramm schwere Glocke gießen zu lassen, die deren Ehemännern durch lautes und eindringliches Glockenläuten so lange „heimläuten" sollte, bis auch der letzte von seiner Wirtshaustour zurückgekehrt war. Als dann die kleine Bienenkorbglocke im Turm von St. Quintin, der ältesten Pfarrkirche der Stadt, täglich um 23.00 Uhr zu läuten begann, gab es keine Ausreden mehr für die zechfreudigen Männer, die vorher gerne behauptet hatten, weder den Nachtwächter noch den Stundenschlag der Kirchturmglocke aufgrund des höheren Lärms im Wirtshaus hören zu können. Jahrhundertelang versah nun das Lumpenglöcklein, wie es schnell genannt wurde, seinen Dienst und trieb zu vorgerückter Stunde die Zecher aus den Weinstuben und Kneipen nach Hause, bis es im Zweiten Weltkrieg das Schicksal mit vielen anderen Glocken teilen musste: Es landete wegen der begehrten Bronze als kriegswichtigem Material auf dem Hamburger Glockenfriedhof, konnte aber glücklicherweise dem Schmelzofen entgehen – vielleicht gerade wegen seiner geringen Größe.

Nach dem Krieg wurde die kleine Glocke von sachverständigen Glockensuchern wiedergefunden und nach Mainz zurückgebracht.
Heute hängt das Lumpenglöcklein als älteste Glocke von Mainz wieder an seinem angestammten Platz und läutet pünktlich um 19.30 Uhr den Feierabend in der Mainzer Geschäftswelt ein.

WINDSCHNELL GERUTSCHT – DIE WINDRADRUTSCHE

Mehl rieselt nicht mehr aus den Röhren dieser nachempfundenen Windmühle. Dafür flutschen heute Kinder und Jugendliche in Windeseile hindurch – heidewitzka, das macht Spaß. Seit 2003 steht die Windradrutsche nun auf dem Windmühlenberg und ist Bestandteil des umliegenden Spielgeländes. Sie erinnert daran, dass vor zweihundert Jahren zur Franzosenzeit in Mainz an dieser Stelle eine Windmühle stand und Getreide mahlte. Damals hieß der Windmühlenberg noch Zuckerberg, weil seine Form einem Zuckerhut gleicht. Es gibt aber auch Annahmen, dass das Wort sich vom mittelhochdeutschen Zucker für Räuber ableitet. Gesichert ist beides nicht. Heute ist der Windmühlenberg mit Spielplatz und Windradrutsche ein idealer Platz für entspannende Familienausflüge mit Kindern. Und auch die Erwachsenen kommen auf ihre Kosten: Von hier aus hat man einen weiten Blick über Mainz und bei guter Sicht sogar bis nach Hessen.

Höhen- und Röhrenangst? Nein, an so was denken höchstens übervorsichtige Erwachsene. Für Kinder und Jugendliche ist das Röhrenrutschen spannend und abenteuerlich.

NÄRRISCHES EIERKOCHEN

DER GLOCKENBAUM

HIMMELSMUSIK

Mainz

MUSIKALISCH UND LITERARISCH

WENN DER BEAMTENWECKER LÄUTET – DER GLOCKENBAUM

Ein bisschen Wind braucht er schon, der Glockenbaum, damit er seinem Namen alle Ehre macht und zweiundachtzig große und kleine Glöckchen bimmeln lässt. Bei Windstille hüllt er sich in Schweigen. Wenn Sie also sein harmonisch wechselndes Glockenspiel hören wollen, sollten Sie Ihren Weg durch die Schießgartenstraße oder Mittlere Bleiche nur an einem windigen Tag wählen. Dort steht er als Bronzeplastik auf dem Vorplatz des Ministeriums für Bildung, Wissenschaft, Weiterbildung und Kultur. Der Künstler Gernot Rumpf aus Kaiserslautern hat seinen Glockenbaum 1974/75 in der Gestalt einer Äolsharfe erschaffen. In der Mitte des Baums hängen vierzehn große Glocken, die Nachbildungen von berühmten Glockenformen aus anderen Ländern sind und

Frischer Wind bringt neuen Schwung und die Glocken des Wahrzeichens des Ministeriengebäudes in Bewegung, so dass ein abwechslungsreiches Klangspiel ertönt.

nach einer Idee des Künstlers unterschiedliche Weltkulturen symbolisieren. Dass die Mainzer dem Glockenbaum schon kurz nach seiner Errichtung den Spitznamen „Beamtenwecker“ verpasst haben, bezieht sich natürlich auf seinen Standort vor dem Haupteingang des Ministeriumgebäudes, den morgens und abends die Bediensteten zwangsläufig passieren.

EIN VERLAG SCHREIBT GESCHICHTE – DER MUSIKVERLAG SCHOTT

In der Weihergartenstraße 5 der Mainzer Altstadt, die rechts und links von ehrwürdigen klassizistischen Gebäuden gesäumt ist, steht in zartgelben Farben ein Patrizierhaus von internationaler Bekanntheit. Über seiner schweren Holztür steht der Schriftzug „Schott Musik International“ und weist darauf hin, dass hier seit 1792 der Musikverlag Schott beheimatet ist. Ein Weltname, der für Musiker und Musikliebhaber ein Begriff ist – und das schon seit Hunderten von Jahren. Heute ist er einer der größten Musikverlage der Welt und wird von dem Schott-Nachfolger, Dr. Peter Hanser-Strecker, geleitet.
Die Erfolgsgeschichte des Traditionshauses begann bereits 1770, als der Kupferstecher und Musiker Bernhard Schott aus Eltville begann, handgeschriebene Noten von Komponisten in Metallplatten zu stechen, diese dann zu vervielfältigen und zu verkaufen. Ein einträgliches Geschäft in der kurfürstlichen Residenz Mainz, in der die Nachfrage nach Noten hoch war, denn die musikfördernden

Was haben Beethoven, Wagner, Liszt, Humperdinck und Orff gemeinsam? Sie alle fanden den Weg in dieses Haus und ließen ihre Werke wegen der hervorragenden Notendarstellung bei Schott verlegen.

Kurfürsten und Adlige sorgten für Hofkonzerte mit hervorragenden Musikern und eifrigen Konzertbesuchern. Selbst als Klarinettist in der Mainzer Hofkapelle tätig, achtete Bernhard Schott darauf, die Noten gut lesbar darzustellen und gestaltete deshalb seine Notenform etwas eiförmiger. Schnell fand sich ein Name für diese neue Notenschreibweise: Unter „Schott-Keule" wurde der gut leserliche Schott'sche Notenkopf weltbekannt.

HIMMELSMUSIK – DAS DOMGELÄUT

Während Glockengeläut für die einen wie Musik in den Ohren klingt, fühlen sich andere durch den Glockenschlag gestört. Den meisten allerdings würden die großen Freiluftinstrumente im Westturm des Mainzer Doms fehlen, denn das Domgeläut ist genauso wenig wegzudenken wie der Dom selbst.
Je nach Anlass stimmt der Glockenklang auf die Gottesdienste ein, ruft zum Gebet oder läutet Sonn- und Festtage ein. In früheren

Die Turmuhr immer im Blick und der Glockenklang als Signalgeber in den Ohren: So lieben es die Marktbeschicker, Anwohner und Passanten.

Zeiten wurden die Glocken noch zu weit mehr Anlässen geläutet. Da sie über eine große Entfernung hörbar sind, ertönten sie bei Feuer- und Feindesgefahr, bei Ausbruch von Seuchen oder Wetterkatastrophen. Kein Wunder, dass wir dadurch eine besondere Beziehung zu Glocken entwickelt haben und ihnen Namen von Heiligen geben oder sie einem wichtigen Anlass widmen: Sie heißen Williges, Bilhildis, Lioba, Albertus, Heiliger Geist, Martinus, Maria, Joseph und Bonifatius und unterscheiden sich durch Gewicht und Klang. Die letzten vier genannten wurden schon 1809 während der Mainzer französischen Zeit aus erbeuteten preußischen Kanonen im Domkreuzgang gegossen. Ein Geschenk Napoleons für den Mainzer Bischof. Vorher allerdings war es Bonaparte selbst, der während der Revolutionskriege viele Glocken zu Kanonen einschmelzen ließ. Ein trauriges Schicksal, das auch während der dann folgenden beiden Weltkriege viele Glocken ereilte.

NÄRRISCHES EIERKOCHEN – DAS MAINZER PIEP-EI

Für Fassenachter ist es ein Muss! Für Morgenmuffel ein lustiger Gute-Laune-Macher. Das Mainzer Piep-Ei beschert allen Eieressern ein fröhliches Eierkochen mit musikalischer Umrahmung. Egal, ob Sie weiche, mittelfeste oder hart gekochte Eier bevorzugen. Auskunft über den Zustand des Frühstückseies erfolgt nämlich über das Ertönen von altvertrautem Mainzer Liedgut in bestimmten zeitlichen Abständen.

Mit Musik geht alles besser. Sogar das Eierkochen wird zum Erfolg.

Wie es funktioniert? Ganz einfach: Sie nehmen einen Topf mit Wasser und bringen das Piep-Ei mit den essbaren Eiern zum Kochen. Mögen Sie Weicheier, muss der Topf beim „Heile Heile Gänsje“ vom Herd. Liebhaber mittelfester Eier dürfen sich auf den Meenzer Fassenachtshit „Humba Humba Täterä“ freuen. Und wenn der schmissige Narhallamarsch ertönt, hat auch das Warten auf hartgekochte Eier ein Ende. Es lohnt sich also, sich die Reihenfolge der Lieder einzuprägen, damit Ihr Ei nicht zum musikalischen Überraschungs-Ei wird. Guten Appetit!

REINSTELLEN UND RAUSNEHMEN – ÖFFENTLICHE BÜCHERSCHRÄNKE

Bücherwürmer aufgepasst! In den öffentlichen Bücherschränken gibt es Lesefutter für jedermann rund um die Uhr zum Mitnehmen – ganz umsonst. Gesponsert von den Mainzer Stadtwerken, stehen die wetterfesten Schränke an verschiedenen Stellen in der Innenstadt und in den Mainzer Stadtteilen, wo sie zum neuen Zuhause von ausgelesenen Büchern werden und auf neue Leseratten warten. Einfach vorbeischauen, Schrank öffnen und sich bedienen. Ohne Rückgabefrist, Leihgebühr und Ausweis. Manchmal steht sogar genau der Titel in der Freiluft-Bibliothek, den man gesucht hat. Jeder darf mitnehmen, behalten und tauschen, was ihm gefällt. Sinn und Zweck ist natürlich, dass nicht mehr benötigte Bücher auch wieder in den Bücherschränken landen, damit die Regale für alle Lesehungrigen immer gut gefüllt sind.

Am Feldbergplatz steht der älteste der mittlerweile zahlreichen offenen Bücherschränken. Der ausgediente Stromkasten mit Leseratten-Futter ist rund um die Uhr zugänglich.

Auf dieser Seite des Proviant-Magazins, das zur Zeit des Deutschen Bundes in den 1860er-Jahren gebaut wurde, befindet sich der Eingang zum Fastnachtsmuseum und zum Kabarett-archiv.

WIEDERSEHEN MACHT FREUDE – DAS DEUTSCHE KABARETTARCHIV

Im Jahr 1961 wurde das Deutsche Kabarettarchiv, das aus einer Privatsammlung hervorging, in Mainz gegründet und hat sich mittlerweile zu einer Kulturstiftung etabliert, deren Bestand ständig erweitert wird. Fans des Kabaretts kommen hier voll auf ihre Kosten und können unter mehr als 80 000 Künstlern bekannte Kabarettisten wiedertreffen, die mit Spott, Zynismus oder Blödelei ihren sozialkritischen Finger in die Wunden der Gesellschaft legten.

Im Kabarettarchiv befinden sich u.a. Nachlässe der Künstler, Veranstaltungsplakate, Fotos, Programmhefte, Manuskripte, Regiebücher, Urkunden sowie zahlreiche Ton- und Datenträger und AV-Medien, die ein Wiedersehen und Wiederhören mit vielen Kabarettisten bescheren.

Im Deutschen Kabarettarchiv trifft man sie alle wieder und erfährt bestimmt das eine oder andere über die Stars und Sternchen, was man noch nicht wusste.

TRAGISCHER BEINBRUCH

MANN DES MILLENIUMS

DER SCHINDERHANNES

Mainz

PROMINENT UND POPULÄR

DIE „GUT STUBB" – DAS KURFÜRSTLICHE SCHLOSS

Neumainzern sei gesagt, dass es sich bei der „Gut Stubb" um kein geringeres Gebäude als das kurfürstliche Schloss handelt. Ja, die Mainzer feiern viel und laden gern in ihr schönstes Wohnzimmer ein. Direkt am Rheinufer gelegen wirkt es mit seiner warmen, sandsteinroten Fassade in einzigartiger deutscher Spätrenaissance ausgesprochen anziehend und einladend auf seine Gäste. Gut Ding will Weile haben, könnte man bei diesem Bauwerk sagen, denn immerhin benötigte der bedeutendste Profanbau der Stadt eine Bauzeit von 125 Jahren unter der Regierung von fünf Mainzer Erzbischöfen. Als das Schloss im Jahr 1752 endlich fertiggestellt war, konnten die Erzbischöfe und Kurfürsten allerdings nur noch kurze Zeit darin residieren. Mit der Franzosenzeit in Mainz Ende

„Rotes Schloss“ oder „Gut Stubb“ nennen die Mainzer ihre prächtige aus rotem Mainsandstein gebaute ehemalige Stadtresidenz der Erzbischöfe und Kurfürsten. Hier findet alljährlich die Fernseh-Fastnachtssitzung ”Mainz bleibt Mainz, wie es singt und lacht” statt.

des 18. Jahrhunderts kam nämlich der Untergang des Kurfürstentums, in der das Schloss zweckentfremdet als Lazarett, Kaserne und Magazin benutzt wurde. Jahre später zogen dann Stadtbibliothek, Gemäldegalerie und Museen in die kurfürstlichen Räume ein. Ende des zweiten Weltkriegs wurde das Schloss von einer Bombe getroffen, brannte aus und wurde ab 1948 wieder hergerichtet. Seither dient das Gebäude mit seinen prächtigen Sälen als „Gut Stubb“ der Mainzer, in der Hochzeiten, Tagungen, Bälle und Konzerte stattfinden.

BERÜHMTE WEINPATEN

Seit 2007 gibt es wieder einen Weinberg in der Innenstadt und zwar am Hang des Jakobsberges, wo auch schon in früheren Jahrhunderten die Rebzeilen dicht an dicht standen. Angelegt wurde der Weinberg vom Verein Mainzer Weinsenat, der berühmte Besucher der Stadt dazu einlädt, einen Rebstock zu pflanzen und die Patenschaft für eine eigene Rebe zu übernehmen.

Groß ist er nicht gerade, aber er soll noch wachsen: der Prominentenweinberg unterhalb des Kommandantenbaus der Zitadelle, einem Festungswerk aus dem 17. Jahrhundert.

Mittlerweile haben viele prominente Mainz-Besucher ihren Riesling- oder Spätburgunder-Rebstock gepflanzt, um sich als Paten für den Rheinhessischen Wein einzusetzen: Friedensnobelpreisträger Lech Walesa, die Politiker Rainer Brüderle und Frank-Walter Steinmeier und der Komiker Otto Waalkes, um nur einige zu nennen. Sie alle erhielten den Ehrentitel „Consitor Senatus Vineti", was auf Deutsch „Pflanzer des Senats-Weinberges" bedeutet. Doch nicht nur Ehre wird verteilt, sondern auch die Ernte. Jeder Pate erhält eine Flasche Wein vom eigenen Weinstock und kann sich auf einen guten Riesling oder leckeren Spätburgunder aus Rheinhessen freuen.

DIE GLOCKE ALS PREIS – DAS UNTERHAUS

Gemeint ist nicht die von Schiller, sondern „die Glocke" an der Decke des Mainzer Forum-Theaters „Unterhaus", einer der bedeutendsten deutschen Kleinkunstbühnen, gelegen am anderen Ende des Walk of Fame.
Seit 1971 hängt sie dort und kündigt zuverlässig alle Vorstellungen und Pausenenden an. Einst aufgehängt von Hanns Dieter Hüsch, Meister des literarischen Kabaretts, wurde die Glocke schnell zu einem Wahrzeichen der Deutschen Kleinkunst, die bis heute vom Unterhaus als bedeutendste Auszeichnung bei der jährlichen Verleihung des Deutschen Kleinkunstpreises an die Großen des Kabaretts überreicht wird. Natürlich als Kopie, denn das Original wird hoffentlich noch viele Jahre seine Dienste im Unterhaus tun.

Das Mainzer Unterhaus ist unbedingt einen Besuch wert. Auf zwei Bühnen wird für jeden Geschmack etwas geboten: Comedy, Kabarett, Lied und Chanson.

DER DEUTSCHE ROBIN HOOD – DER SCHINDERHANNES

Ein weiteres Wahrzeichen der Stadt ist der mittelalterliche Holzturm mit seinen vier Erkertürmchen. Was sich heute darin befindet? Diverse Vereine und Initiativen haben hier ihr Domizil.

Holzturm oder Schinderhannesturm? Egal. Beide Namen stehen für den markanten Wachturm aus dem 15. Jahrhundert, der als Teil der mittelalterlichen Stadtmauer längst zu einem Wahrzeichen der Stadt Mainz geworden ist.

Holzturm heißt der ehemalige Wachturm deshalb, weil früher die Holzstapelplätze in unmittelbarer Nähe angesiedelt waren und der Holzmarkt vor dem Torturm abgehalten wurde. Später – in der Neuzeit – wurde der Turm als Stadtgefängnis genutzt und rückte 1802 als solches plötzlich in den Mittelpunkt des Interesses. Der gefürchtete Räuberhauptmann Johannes Bückler alias Schinderhannes und dessen Bandenmitglieder konnten endlich durch Verrat auf der rechten Rheinseite gefasst werden. Anschließend wurden sie in das damals französische Mainz überführt und sechzehn Monate im Holzturm gefangen gehalten. So lange dauerte der Prozess, der mit einer 72-seitigen Anklageschrift in deutscher und französischer Sprache und dem Todesurteil gegen Bückler und neunzehn seiner Gefolgsleute endete. Am 21. November 1803 war es dann soweit. Die Todeskandidaten wurden in fünf offenen Wagen vom Holzturm durch die Stadt zum Schafott auf dem ehemaligen Gelände des kurfürstlichen Lustschlosses Favorite gefahren. Bückler und seine Kumpane wurden guillotiniert.

Noch heute ranken sich Legenden um die Figur des Johannes Bückler, der unter dem Namen Schinderhannes in die Geschichte einging. Von den einen romantisch verehrt als Robin Hood, von den anderen gefürchtet als brutaler Räuber und Mörder wurde er zum interessanten Objekt für Schriftsteller und Filmemacher.

Hollywood lässt grüßen! – Der Walk of Fame

Wenn Sie auf dem Romano-Guardini-Platz Menschen sehen, die im Zweimeterabstand mit gesenkten Köpfen stehen bleiben, dann vielleicht deshalb, weil sie die Unterschriften berühmter deutschsprachiger Kabarettisten entziffern, deren Namen in Sternen aus Bronze und Edelstahl im Boden eingelassen sind. Hollywood lässt grüßen! Auch in Mainz gibt es einen Walk of Fame, dessen Sterne aus verschiedenen Richtungen auf die Mitte des Platzes zulaufen und dort bei einem Sternendenkmal enden.

Die Stiftung Deutsches Kabarettarchiv zog 2004 in das benachbarte historische Gebäude des Proviantamtes und errichtete im gleichen Jahr Walk und Stern. Zwischen 2004 und 2015 wurden 80 Sterne der Satire vom Kabarettarchiv an bedeutende Kabarettisten, Satiriker und Chansoniers von gestern und heute vergeben.

Egal, aus welcher Richtung kommend Sie den Sternen folgen – sie führen alle zum Denkmal „Sterne der Satire – Walk of Fame des Kabaretts“ in der Mitte des Romano-Guardini-Platzes.

MANN DES MILLENIUMS – JOHANNES GUTENBERG

An ihm kommt kein Mainz-Besucher so schnell vorbei. Auf dem Gutenbergplatz steht der wohl größte Sohn der Stadt auf seinem Sockel und registriert alle Vorbeigehenden.

Das muss ein Fest gewesen sein im August 1837. Gleich mehrere Tage lang feierten die Mainzer gemeinsam mit ausländischen Gästen die Einweihung des Gutenberg-Denkmals auf dem Gutenbergplatz vis-à-vis des vier Jahre vorher entstandenen Theaters. Nichts schien zu aufwändig, um den berühmten Sohn der Stadt, der Mitte des 15. Jahrhunderts das Drucken mit beweglichen metallenen Lettern erfunden hatte, gebührend zu ehren. So fanden neben den vielen Festreden auch Umzüge, Bälle, Fackelzüge und Feuerwerke statt, die den ganzen Stolz der Mainzer auf einen ihrer Mitbürger zum Ausdruck brachte. Ein erstes Bürger-Denkmal war geschaffen.

Das hatte es bis dahin noch nicht gegeben, denn gewöhnlich wurden nur Adelige, hohe Geistliche und bedeutende Kriegsherren mit Denkmälern bedacht. Doch Gutenbergs hoher Bekanntheitsgrad über die Landesgrenzen hinaus machte das wett. Stellvertretend für Aufklärung und Pressefreiheit wurde er besonders von den Franzosen verehrt, von denen auch die Idee für die Errichtung eines Denkmals während der französischen Zeit in Mainz um die Wende 1800 ausging. Verwirklicht wurde die Idee allerdings erst Jahre später durch die Stadt Mainz, die, unterstützt durch den Verein der Freunde der Kunst und Literatur, den Auftrag für das Denkmal vergab. Entworfen nach Plänen des dänischen Künstlers Bertel Thorvaldsen, in Bronze gegossen vom französischen Bildhauer Charles Crozatier und finanziert durch Spendengelder aus ganz Europa kann man das Denkmal sicherlich als künstlerisches Gemeinschaftswerk von internationalem Interesse bezeichnen.

Die Verehrung für den Mainzer Buchdrucker ist nach wie vor ungebrochen. Zum Jahr 2000 veröffentlichten amerikanische Journalisten das Buch „1000 Jahre,

1000 Menschen", in dem sie die bedeutendsten Persönlichkeiten des vergangenen Jahrtausends nach ihrer Wichtigkeit aufführten. Sie ahnen sicher schon, wer von den aufgelisteten Personen den ersten Platz erhielt: Johannes Gutenberg, der durch diese Würdigung zum „Mann des Milleniums" wurde.

SECHS EHRENBÜRGER AUF EINEN STREICH – DIE MAINZELMÄNNCHEN

Das gibt es sicher nicht alle Tage: Gleich sechs kleinen Männern verlieh Oberbürgermeister Ebling am 21. August 2013 eine einmalige „Ehrenbürgerwürde" zu deren 50. Geburtstag. Sie heißen Anton, Berti, Conni, Det, Edi und Fritzchen und sind als Mainzelmännchen weit über die Landesgrenzen bekannt. Vater der Trickfiguren war der Grafiker Wolf Gerlach, der die sechs Knirpse bereits 1963 im Gründungsjahr des Zweiten Deutschen Fernsehens entwarf. Für den Namen „Mainzelmännchen" ist er allerdings nicht verantwortlich. Den erfand das Magazin „Der Spiegel" kurze Zeit vorher für die ZDF-Mitarbeiter, die pausenlos und emsig wie die Kölner Heinzelmännchen für den Start des neuen Senders arbeiteten. Um seine fantasievollen Zwerge unterscheiden zu können, vergab Gerlach ihnen spontan Namen in alphabetischer Reihenfolge und ließ unterschiedliche Charaktere in Anlehnung an die Kölner Heinzelmännchen-Verwandten entstehen. Auch wenn die quirligen Maskottchen nicht aus Fleisch und Blut sind – für die Mainzer und ihre Fans sind sie nicht mehr wegzudenken. Gudn Aabend.

Fans kennen selbstverständlich alle Namen der Mainzelmänner: Anton, der faule Tolpatsch, Berti, der lustige Fleißige, Conni, der kleine Musische, Det, der Schlaue, Edi, der Schelm und Fritzchen, der Freche.

TRAGISCHER BEINBRUCH –
DER DRUSUS-STEIN

Man schrieb das Jahr 9 v. Chr., als Nero Claudius Drusus, Stiefsohn von Kaiser Augustus und Oberbefehlshaber der römischen Rheinlegionen, auf dem Rückweg eines Eroberungsfeldzugs ins rechtsrheinische Germanien vom Pferd fiel und sich dabei das Bein brach. Sein Bruder und späterer römischer Kaiser Tiberius eilte ihm zwar zu Hilfe, doch Drusus verstarb nach vier Wochen an seinen Verletzungen. Da er als Mitglied der Kaiserfamilie nicht in Mogontiacum begraben werden durfte, brachte Tiberius den Toten nach Rom. Dort wurde Drusus' Asche im Mausoleum des Vaters Augustus beigesetzt.

Seit über 2000 Jahren steht der Drususstein an seinem originalen Standort auf dem Zitadellengelände und macht neugierig auf seine wechselhafte Geschichte.

Die Trauer um den beliebten Heerführer, der als erster Römer die Elbe erreichte, war so groß, dass ihm seine in Mogontiacum stationierten Soldaten ein weithin sichtbares Denkmal auf dem Jakobsberg errichteten: Ein leeres Ehrengrab von 30 Metern Höhe, an dem sogar das von Kaiser Augustus persönlich verfasste Grabgedicht für Drusus angebracht wurde.
Der Hauch der Vergangenheit lässt sich noch heute bei einem Spaziergang rund um den im Mittelalter zu einem Wachturm umgebauten Drusus-Stein, wie er heute genannt wird, spüren. Idyllisch gelegen auf dem Zitadellen-Gelände und in viel Grün eingebettet ist er ein ideales Ausflugsziel für Groß und Klein.

DIE RÖMERSTEINE

HEILIGER SANKT SPUCKES

KUPFERBERG

Mainz

SPRUDELND

ENGAGEMENT FÜRS KÜHLE NASS – DIE MAINZER BRUNNEN

Wenn die ersten warmen Sonnenstrahlen den Frühling ankündigen, warten die Mainzer schon ungeduldig auf den Beginn der Brunnensaison. Dann plätschert und sprudelt es wieder an vielen Plätzen der Stadt. Mehr als sechzig Brunnenanlagen hat Mainz zu bieten, die an lauschigen Orten zum Innehalten und Verweilen einladen. Viele von ihnen sind Zeugnisse der Vergangenheit und machen neugierig auf ihre Geschichte. Umso trauriger, dass in den vergangenen Jahren viele Brunnen aus Kostengründen trocken bleiben mussten. Doch damit wollten und wollen viele Mainzer Bürger und Bürgerinnen sich nicht abfinden. Sie möchten ihre Brunnen weiterhin sprudeln sehen. Um das zu erreichen, haben Privatpersonen, Firmen, Banken und Vereine sich bereit gezeigt, Spenden

Die drei „Meenzer Mädcher“ im Regen strahlen Wohlbehütetsein aus unter ihren Schirmen. Sie verschönern den Ballplatz, der auch „Balzplatz“ genannt wird. Warum? Einfach einen Meenzer fragen.

sprudeln zu lassen, um den Wasserverbrauch für die städtischen Brunnen mitzufinanzieren. Dank dieses Engagements können wieder viele Wasserspiele sprudeln und verschönern und beleben nachhaltig das Mainzer Stadtbild.

EIN TURM STEHT KOPF – DER FASTNACHTSBRUNNEN

Im Winter „Narrenturm“ und im Sommer „Brunnen der Mainzer Lebensfreude“. Zwischen diesen beiden Bezeichnungen schwankte der Künstler Professor Blasius Spreng aus München, der mit seinem Entwurf eines Narrenturms 1964 einen bundesweiten Wettbewerb gewann. Durchgesetzt hat sich letztendlich der Name „Fastnachtsbrunnen“, der 1967 feierlich eingeweiht wurde und seither als eines der markantesten Wahrzeichen der Stadt Mainz gilt.

Wer in der laubfreien Zeit vom Fastnachtsbrunnen aus in Richtung Dom schaut und die Form des Westturms mit der des Narrenturms vergleicht, dem fällt auf, dass sich der Narrenturm nach unten verjüngt und nach oben verbreitert. Quasi wie eine Kirche, die auf den Kopf gestellt ist. Mit dieser Form symbolisiert er die 5. Jahreszeit in Mainz, in der ausgelassen gefeiert wird und in der die gesellschaftlichen und politischen Verhältnisse ebenfalls auf den Kopf gestellt werden.

Fröhliches Wahrzeichen der Stadt: Der neun Meter hohe Fastnachtsbrunnen auf dem Schillerplatz versprüht typische Mainzer Lebensfreude.

Wer glaubt, ausschließlich Fastnachtssymbolfiguren zu finden, der irrt. Neben vielen Narrengestalten wie Till Eulenspiegel, dem Bajazz mit der Laterne, den Mainzer Schwellköpp, dem Elferrat oder dem Kater am Aschermittwoch grüßen zahlreiche nichtkarnevalistische Figuren von ihrem Podest und erzählen von Mainzer Stadtgeschichte und Legenden: Beispielhaft angeführt seien die Stadtgöttin Moguntia, Vater Rhein mit seinen Nixen, der Heilige Martin als Patron der Stadt oder der fröhliche Weintrinker. Der Fastnachtsbrunnen ist ein beliebter Treffpunkt für die Mainzer und ihre Gäste, die die Fröhlichkeit der Figuren, oft gepaart mit feinen Wasserspritzern, gerne auf sich überspringen lassen.

EINE DER SCHÖNSTEN LAUNEN DER WELT – DIE SEKTKELLEREI KUPFERBERG

Ein Gläschen Kupferberg Trocken gefällig? Der Traditionssekt Kupferberg Gold wurde schon 1852 von dem Mainzer Sektfabrikanten, Christian Adalbert Kupferberg, kreiert. Dieser erzeugte mit seinem Sekt Kupferberg Gold eine der ältesten deutschen Marken überhaupt.

Kupferberg konnte aber nicht nur guten Sekt herstellen, sondern war einer der ersten, der seine Produkte durch gezielte Werbemaßnahmen bekannt machte, was ihm den Namen „Pionier der Werbung“ einbrachte. Sein Slogan „Kupferberg Gold – eine der schönsten Launen der Welt“ ging Mitte des 19. Jahrhunderts schon um die Welt

Vom Stammhaus der Sektkellerei Kupferberg geht es hinab in die tiefst geschichteten Keller der Welt mit 60 Gewölbekellern auf sieben Ebenen. Tipp: Jacke nicht vergessen. Die Temperaturen nehmen in jedem tiefer gelegenen Keller ab.

und brachte der Sektmarke Kupferberg Gold den Durchbruch. Noch heute vermittelt der Spruch das angenehme Prickeln auf Zunge und Gaumen. Die Sektkellerei gibt es schon seit vielen Jahren nicht mehr, aber Führungen durch das Gründerhaus und durch die ehemalige Produktionsstätte werden regelmäßig angeboten. Ein prickelndes Erlebnis. Allerdings müssen Sie dazu zuerst den Kästrichhügel erklimmen, wo hoch über der Mainzer Innenstadt C. A. Kupferberg in der Mitte des 19. Jahrhunderts seine „Fabrication moussierender Weine" errichtete.

Wie erfrischend! Gerade an heißen Sommertagen wird der speiende Maskenbrunnen gerne aufgesucht und vom Beckenrand aus eine kleine Abkühlung genommen.

Heiliger Sankt Spuckes – Der Scheitelstein des Neutors

Den gibt es tatsächlich. Seine wasserspeiende Maske liegt auf dem Rand eines Brunnenbeckens hinter dem Denkmal des heiligen Bonifatius und vor der Gotthardkapelle des Doms. Dort macht starkes Wasserrauschen auf ihn aufmerksam. Mit weit aufgerissenem Mund spuckt der „Monn vum Neidor", wie er auf meenzerisch heißt, unablässig einen kräftigen Strahl Wasser in das abgerundete Bassin. Seine furchteinflößende Fratze ist die Kopie des Scheitelsteins vom 1669 erbauten Neutor in der Mainzer Südstadt, das aufgrund des 11. Deutschen Bundesschießens 1894 in Mainz wegen zu großen Verkehrsaufkommens abgerissen werden musste. Der Schlussstein des ehemaligen barocken Stadttores blieb erhalten, und seine Kopie wurde im Rahmen der Umgestaltung der Domplätze in den 1970er-Jahren für diesen originellen Brunnen verwendet. Seither sprudelt das Wasser in hohem Bogen aus dem tiefen Schlund des Neutormannes und belebt mit seinem Wasserplätschern den Rand des Marktplatzes während der Brunnensaison.

Dass die Einheimischen ihn liebevoll Sankt Spuckes nennen, hängt sicherlich mit der räumlichen Nähe zum Dom zusammen.

MEISTERWERK ANTIKER TECHNIK – DIE RÖMERSTEINE

Ideal für den Sonntagsausflug: Ein Spaziergang durch das idyllische Zahlbachtal des Stadtteils Bretzenheim. Der Weg führt durch Flora und Fauna entlang der 69 noch übrig gebliebenen Pfeilerresten des einstigen römischen Aquädukts.

Dass die Römer geniale Wasserbaumeister waren, beweisen noch die Pfeilerreste einer römischen Wasserleitung aus dem ersten Jahrhundert, die einst frisches Wasser aus dem Finther Quellgebiet über das Zahlbachtal zum Legionärslager auf dem Kästrich und von dort weiter in die Stadt transportierte. Rund 30 000 Liter Wasser flossen täglich über das Aquädukt, um zwölftausend Legionäre und die zivile Bevölkerung zu versorgen, denn Wasser wurde nicht nur zum Trinken benötigt, sondern auch zum Baden und für Wasserspiele. Bis zu dreißig Meter hoch mussten einige Pfeiler sein, damit der Höhenunterschied in Zahlbach, am Rande des heutigen Stadtteils Bretzenheim, überwunden werden konnte.

Mit diesen gewaltigen Ausmaßen schufen die Römer das höchste Aquädukt nördlich der Alpen.

Schafe mitten in der Stadt? Auch das gibt es in Mainz. Auf den Wiesen an den Römersteinen weiden schon seit vielen Jahren Allgäuer Bergschafe und ersetzen den Rasenmäher.

Zu bewundern und zu bestaunen sind die Römersteine am besten auf einem Spaziergang durch das Zahlbachtal, das mit seinem ländlichen Charakter mitten in der Stadt noch eine weitere Attraktion zu bieten hat: Allgäuer Bergschafe, die die Wiese an den Römersteinen von Unkraut und zu hohem Gras befreien.

SCHÄUMEND, BITZELND UND PRICKELND – DER FEDERWEISSER

Vom frühen Mittag bis zum frühen Abend haben die Stände geöffnet und schenken roten und weißen Federweißen aus. Schmeckt spritzig fruchtig und nach mehr. Doch Vorsicht: Bei aller Süffigkeit Alkohol nicht unterschätzen.

Pünktlich zum Septemberbeginn sehen wir sie wieder: die Federweißer-Ständchen in der Stadt und im Umland. Sie erinnern daran, dass der Sommer sich so langsam verabschiedet und verschönern uns den Übergang zum Herbst mit dem süffig-spritzigen noch gärenden Rebensaft. Kein Wunder, dass die Ständchen, vor allem bei gutem Wetter, gerne umringt sind. Roter oder weißer Federweißer? Süßer oder lieber schon etwas herber? Diese Entscheidungen muss man schon treffen, wenn man sich in der Mittagspause oder nach der Arbeit an einem Federweißer-Häuschen trifft. Während es sich bei weißem Federweißer um den gärenden Most aus weißen Trauben handelt, gärt bei rotem Rauscher der Most aus roten Trauben. Und damit alles etwas schneller geht, werden dem Traubenmost noch Hefebakterien zugesetzt, die gierig den ganzen Fruchtzucker auffressen. Dadurch entstehen Alkohol und Kohlensäure, was dem Rebensaft den prickelnden und spritzigen Geschmack verleiht. Lecker!
Sein Name bezieht sich auf die Hefeteilchen, die durch die Kohlensäure wie Federchen durcheinandergewirbelt werden und so eine weiß-milchige Färbung erzeugen.

WILDE TIERE

HEILE, HEILE GÄNSJE

QUELLMÄNNER

Mainz

TIERISCH

DA STEHT EIN PFERD AUF DEM DACH – DAS LANDESMUSEUM

Früher oder später springt es jedem ins Auge, der durch die Große Bleiche kommt: das goldene Pferd auf dem Dach über dem Eingangsportal des Landesmuseums. Sprungbereit und voller Lebensfreude bäumt es sich gen Himmel. Geschaffen wurde es im Jahr 1769 in der „Levade", einer typischen Position der klassischen Reitkunst, die von jeher Kraft und Stärke symbolisierte. Kein Wunder, dass viele Herrscher vergangener Zeiten sich auf steigenden Pferden abbilden ließen, um ihre Macht zu demonstrieren. So ließ auch Erzbischof und Kurfürst Emmerich Joseph von Breidbach zu Bürresheim in der noch absolutistischen Zeit ein überlebensgroßes Pferd auf dem Dach seiner 1767 errichteten Golden-Ross-Kaserne aufstellen. Das barocke Gebäude diente damals als

Nein, es ist kein Pferdemuseum, sondern das Landesmuseum. Das prächtige goldene Pferd auf dem Dach erinnert noch daran, dass zur Barockzeit der kurfürstliche Reitstall in diesem Gebäude untergebracht war, genannt die „Golden-Ross-Kaserne".

kurfürstlicher Marstall für die fürstlichen Pferde und Kutschen, dem ein wenig später noch eine prächtige Reithalle hinzugefügt wurde.
Dass sich heute das Landesmuseum Mainz als eines der ältesten Museen Deutschlands im Gebäudekomplex der ehemaligen Golden-Ross-Kaserne befindet, ist sicherlich ein Stück weit Napoleon und dessen Feldzügen geschuldet. Von seiner reichhaltigen Beutekunst deponierte er während der französischen Besatzung nämlich mangels Platz im Pariser Museum eine beträchtliche Anzahl von Gemälden in Mainz und bestimmte, dass 36 Bilder ab sofort den Mainzern gehören sollten. Später bildeten sie die Grundlage für eine Städtische Gemäldesammlung und wurden 1935 in der leerstehenden Golden-Ross-Kaserne untergebracht.
Nach der Zerstörung im zweiten Weltkrieg wurde der Gebäudekomplex wieder aufgebaut und Jahre später das heutige Landesmuseum mit einer bedeutenden kunst- und kulturgeschichtlichen Sammlung von den Anfängen der Kultur bis zur Kunst der Gegenwart eröffnet.

EIN FUCHSBAU AM RHEIN – DAS RATHAUS

Wer etwas auf sich hält, der baut am Wasser. So dachten wohl auch die Mainzer Erzbischöfe und Kurfürsten, die einst ihr Schloss am Rheinufer bauten.
Heute bilden die Rheingoldhalle mit dem kurz zuvor errichteten Hilton Hotel einen modernen Baukomplex am Rheinufer. Damit aber nicht genug.

Als Kontrast zu dem eher statisch wirkenden Rathausgebäude steht vor dem Eingang auf dem Jockel-Fuchs-Platz die Spiral-Skulptur „Lebenskraft“ von Andreu Alfaro aus Valencia, deren Aluminiumstäbe sich – je nach Sonnenstand – zu bewegen scheinen.

Gemäß dem Motto „Zurück zum Fluss“ wurde in den 1970er-Jahren neben der Rheingoldhalle eine weitere kriegsbedingte Baulücke mit einem prominenten Gebäude geschlossen: Das Mainzer Rathaus entstand als Ausdruck des Bürgerstolzes und als Symbol für ein demokratisches Bewusstsein. Fünfhundert Jahre lang hatte es in Mainz kein eigentliches Rathaus mehr gegeben. In der Stiftsfehde 1462, als sich zwei Erzbischöfe um den Bischofsstuhl stritten, hatten die Bürger aufs falsche Pferd gesetzt und dadurch ihre Stadtfreiheit verloren. Alleiniger Stadtherr war danach der Erzbischof bis zur französischen Zeit in Mainz. Es gab zwar einen Stadtrat, der aber bis zum Ende des Kurstaates nur geringe Befugnisse hatte und jahrhundertelang in verschiedenen Gebäuden der Stadt untergebracht war.
Nachdem ein Planungswettbewerb ausgeschrieben worden war, erhielten die dänischen Architekten Arne Jacobsen und Otto Weitling den Zuschlag und wurden vom Mainzer Stadtrat mit den Planungen für den Bau beauftragt. 1970 ging es los mit der ersten Bauphase, und pünktlich zum Jahresende am Silvestertag 1973 wurde das neue Mainzer Rathaus eingeweiht. Entstanden ist ein kraftvolles modernes Gebäude von kühler und nordisch anmutender Eleganz, das durch die Schrägstellung seiner Hauptfassade den Blick zum Dom freilässt. Recht schnell wurde ein passender Spitzname für das neue Rathaus gefunden: Fuchsbau. Bis heute hat das Haus diesen Namen beibehalten, auch wenn schon seit vielen Jahren kein Fuchs mehr darin wohnt, denn im Jahr 1987 endete die zweiundzwanzigjährige Amtszeit des weit über die Landesgrenzen hinaus bekannten Mainzer Oberbürgermeisters Jockel Fuchs.

HEILE, HEILE GÄNSJE –
ERNST NEGERS MEISTERSTÜCK

Sicher fällt Ihnen bei diesem alten Kindervers sofort die dazugehörige Melodie ein, die so manchen von uns bei aufgeschlagenen Knien oder zerbrochenem Spielzeug getröstet hat. Über die Landesgrenzen hinaus bekannt geworden ist sie ab 1952, als der singende Mainzer Dachdeckermeister, Ernst Neger, mit diesem alten Kinderlied auf einer Fastnachtsveranstaltung die Herzen der Mainzer eroberte. Was war geschehen? Zwei zusätzlich gedichtete Strophen bezogen sich speziell auf die verheerenden Kriegsauswirkungen und das ertragene Leid der Mainzer. Die Verse drückten die Trauer aus über das am Ende des zweiten Weltkriegs fast völlig zerbombten Mainz mit den Worten „Man hat's zerstört, hat's zweigeteilt", obwohl „Du warst doch gar net schuld." Das war emotionaler Zündstoff für die Mainzer der Nachkriegszeit. Mit Tränen in den Augen stimmten sie gemeinsam in das Lied ein und trösteten sich mit dem alles wieder gutmachenden Refrain „Heile, heile Mausespeck – in hunnert Jahr is alles weg."

Wie man hier sieht, gibt es nicht nur heilende Gänse wie in dem berühmten Kinderlied, sondern auch wilde. Das „Haus zur Wilden Gans" am Kirschgartenplatz gehört zu den ältesten Fachwerkhäusern der Stadt.

Der Fischtorbrunnen ist selbsterklärend: Fröhlich springende Fische, genau genommen Heringe, erinnern an das Mainzer Traditionsgericht „Pellkartoffel mit Hering". Ein Gedicht!

QUELLMÄNNER UNN HERING – DER FISCHTORBRUNNEN

In Mainz und in den Vororten finden sich viele Brunnen aus dem letzten Jahrhundert, die hauptsächlich aus Gründen der Platzverschönerung oder auch als Erinnerung an wichtige Geschehnisse vergangener Zeiten errichtet wurden. Einer davon ist der Fischtorbrunnen am Fischtorplatz mit seinen fröhlich springenden Fischen über (Kartoffel?)Kugeln durch das sprudelnde Brunnenwasser. Der Brunnen wurde um 1930 von dem Architekten Rudolf Schreiner entworfen und dort platziert, wo sich bis zur Rheinbegradigung im 19. Jahrhundert das Gebiet der Rheinfischersleute befand. Er erinnert uns an den früher wesentlich breiteren Rhein mit seiner wichtigen Funktion als Nahrungsgrundlage. Früher legten hier die Fischer mit ihren Booten an und brachten ihre Ware in die gegenüber gelegene Fischergasse zu den Fischhandlungen und zur Fischhalle. Heute gibt es zwar keine Berufsfischer mehr, dafür aber Tausende von Hobbyanglern mit gültigem Anglerschein, die sich dank Wiederansiedlungsprogrammen diverser Fischsorten in den letzten Jahrzehnten über gute Fänge freuen können. Eine beruhigende Entwicklung, denn sie stützt den Erhalt unseres

Traditionsgerichts „Quellmänner un Hering“, das als schnell zubereitete Mahlzeit allen Fischfreunden einen Gaumenschmaus beschert und bei Alkoholgeschädigten wahre Wunder nach einer feucht-fröhlichen Feier bewirkt.

Wildschweine mit ihren Frischlingen im Mainzer Wildpark, die vom Rundweg um den eingezäunten Tierpark aus besichtigt und gefüttert werden können.

Wilde Tiere ganz nah – Der Wildpark Mainz-Gonsenheim

Etwa 20 verschiedene Tierarten mit über 100 Tieren warten im Wildpark Mainz-Gonsenheim auf den Besuch ihrer großen und kleinen Fans, denn meistens gibt es für sie dann artgerechte Leckerli aus einem der aufgestellten Automaten. Das erfreut offensichtlich beide Seiten, denn immerhin machen sich hunderte Besucher täglich auf den Weg zum Wald-Tierpark im Stadtteil Gonsenheim.

Das Besondere an diesem rund drei Hektar großen waldähnlichen Park ist: Seine Bewohner sind hauptsächlich Wildtiere, die von den Besuchern von einem eingezäunten Rundweg aus entdeckt, von ganz nah bestaunt und gefüttert werden können. Seit seiner Gründung in den 1950er-Jahren leben hier vor allem Rot- und Damwild, Wildschafe, Wildschweine, aber auch Wildkatzen und Waschbären, Ziegen und viele Tierarten mehr.

Seit ein paar Jahren gibt es auch einen „Mini-Zoo“ mit Kaninchen und Meerschweinchen, die von den Kindern besonders geliebt werden.

Übrigens – auch Fiffi darf an der Leine dabei sein, sodass keiner der Familien-Mitglieder zuhause bleiben muss.

ZUGPLAKETTEN

KÖNNEN LAMPEN ZISCHEN?

DER MANTELSONNTAG

Mainz

TRADITIONELL

ELFTER ELFTER ELF UHR ELF – DIE FÜNFTE JAHRESZEIT

Am diesem Tag herrscht Ausnahmezustand rund um den Schillerplatz in Mainz. Die Meenzer Narren eröffnen genau um 11 Uhr 11 ihre fünfte Jahreszeit, die sich bis zum Aschermittwoch des darauffolgenden Jahres ausdehnt. Doch was hat es mit der Zahl 11 auf sich? Sie gilt als närrische Zahl, die erstmalig Mitte des 19. Jahrhunderts als Fastnachtszahl auftauchte und das Datum für den Auftakt zur Fastnacht vorgibt. Ihre Bedeutung ist nicht eindeutig geklärt, doch offensichtlich ist, dass sie vorwärts wie rückwärts gelesen die gleiche Zahl ergibt und so symbolhaft für die verkehrte Narrenwelt steht.
Genau um 11 Uhr 11 also starten die Narren in die neue Fastnachtskampagne mit einem dreifach donnernden Helau zu den Klängen des Narrhalla-Marsches.

An ihrem 111. Geburtstag schenkte die Mainzer Prinzengarde den Bürgern und Besuchern der Stadt Mainz den bronzenen Gardetrommler. Seit 1995 trommelt er hier und behält den Fastnachtsbrunnen wie auch das Treiben um den Schillerplatz im Blick.

Nach dem 11.11. wird es in der Advents- und Weihnachtszeit in der Mainzer Hochburg der Fastnacht wieder besinnlich und leise um die Narrenschar. Erst ab dem 1. Januar sind die Narren wieder los und nicht mehr zu bremsen. Dann startet das närrische Volk mit einem jährlich neuen Fastnachtsmotto in die neue Kampagne, die schließlich am Rosenmontag ihren Höhepunkt erreicht. Schade, wenn zwei Tage später Aschermittwoch kommt, an dem ja bekanntlich alles vorbei ist.

FÜR STILLE GENIESSER – DAS „PIFFCHE"

„Noch e Piffche, unn dann gehn mer häm." Mit diesem geflügelten Satz wird von uns weinfreudigen Meenzern in der Regel das Heimgehen aus einer der urigen Weinstuben eingeleitet. Doch was ist ein Piffche? Für „Messfremde" sei hier erklärt: Beim Piffche handelt es sich um das kleinste Ausschankmaß für Wein, nämlich um 0,1 Liter, ausgeschenkt

Das Piffche ist das richtige Glas für Genießer nach dem Motto „Qualität statt Quantität". Mit Piffcher lassen sich mehrere Weinqualitäten nach- oder nebeneinander testen, bis man den besten aller Weine für seinen Geschmack gefunden hat.

im typisch kleinen Piffche-Gläsje. Genau das richtige Maß für einen letzten Schluck, wenn die Zeit drängt. Andererseits ist das Piffchen aber auch bestens dazu geeignet, mehrere edle Tropfen in kleinen Mengen genießen zu können, sodass jeder den richtigen Wein für seinen Geschmack herausfinden kann. Wo der Name Piffche herkommt, ist leider nicht eindeutig geklärt. Wahrscheinlich ist aber, dass auf die geringe Menge Wein im Glas angespielt wird, die in der Kürze eines Pfeiftons getrunken werden kann. Ein kurzer Pfiff – und schon ist er weg, der gute Tropfen.

„KAAAFT ZUCHPLAKETTCHER" – DER ZUGPLAKETTEN-VERKAUF

Meenzer Narren tragen das Zuchplakettsche um den Hals und zeigen so ihre Verbundenheit mit der Fassenacht.

Ab dem 11.11. um 11.11 Uhr trifft man sie wieder in der Mainzer Innenstadt, auf Märkten und Plätzen, in Restaurants und in den Altstadt-Kneipen: die Zugplakettchen-Verkäufer. Bis Rosenmontag sind sie „im Saal unn uff de Gass" unterwegs und fordern mit ihrem Spruch „Kaaaft Zuchplakettcher" alle Mainzer und Fassenachts-verbundene auf, eines der blinkenden Zugplakettchen zu kaufen.

Als es 1950 die ersten Zugplakettchen zu kaufen gab, waren sie noch aus Blech und konnten als Plakette am Revers angesteckt werden. In den 1960er-Jahren wurden sie dann als Reliefplakettchen aus Kunststoff hergestellt, bis sich 1972 das Plakettchen von seiner eigentlichen Form verabschiedete und zum Umhänge-Figürchen wurde. Geblieben ist der Name „Zugplakettchen". Egal ob als Schwellkopp, Zugente, Gardist, Weck-Worscht-Woi-Motiv oder als Mainzer Dom mit lachendem Gesicht: Zu jeder Kampagne gibt es seither ein passendes Figürchen.

Die Idee zur Einführung von Zugplakettchen entstand in den Nachkriegsjahren. Die Mainzer wollten fünf Jahre nach Kriegsende endlich wieder einen Nachkriegsumzug organisieren, brauchten aber Geld für dessen Finanzierung. Die Lösung des Problems sah man im Verkauf von Anstecker-Plaketten mit einem aufgeprägten Bajazz, der tatsächlich eine solch gewaltige Summe einbrachte, dass der Rosenmontagszug anno 1950 wieder durch die Straßen rollen konnte. Bis heute fließt das Geld aus dem Zugplakettchenverkauf in die Finanzierung des Rosenmontagszuges.

BÄCKER STATT KIRSCHEN – DER KIRSCHGARTEN

Den gab es einmal. Heute ist nur noch der Name geblieben, der daran erinnert, dass sich hier vor hunderten von Jahren ein großes Gartengelände mit Kirschbäumen befand, durch das der Kirschborn und der Guldenborn plätscherten, die sich im Gräbenbach vereinten.
Mittlerweile befindet sich hier im Herzen der Altstadt einer der charmantesten Plätze mit malerischen Fachwerkhäusern aus dem 15.–18. Jahrhundert, die alle in den 1970ern saniert wurden. Genau der richtige Platz zum Verweilen, um das mittelalterliche Ambiente zu genießen und um die Seele baumeln zu lassen. Hier wohnten einst die Zünfte, die sich auf dieser Seite des Domes straßenweise und getrennt nach Berufen niederließen. Wenn Sie nun Ihre Augen schweifen lassen, werden Sie schnell erkennen, welcher

Malerische Fachwerkhäuser umsäumen den Kirschgartenplatz. Links neben dem Haus „Zum Kirschgarten“ befindet sich das Zunfthaus der Bäcker, Haus „Zum Beimburg“, das schon 1657 als „fladenbackhaus“ bekannt war.

Berufsstand um den einstigen Kirschgarten siedelte. Auf einem Dach des Häuserensembles weht nämlich eine Wetterfahne mit einem Brezel. Und an der Ecke dieses Fachwerkhauses, genannt „Zum Beimburg", befindet sich außerdem noch ein Wappen aus rotem Sandstein, das zwei stehende Löwen zeigt, die gemeinsam einen Brezel mit einer Krone halten: Das ist das traditionelle Wappen der Bäckerzunft.

KÖNNEN LAMPEN ZISCHEN? – DIE GASLATERNEN

Ja, wenn sie kleine Zündflämmchen haben und mit Gas betrieben werden. Gemeint sind die alten Gaslaternen, die bis Ende der 1990er-Jahre den Straßenraum im Mainzer Stadtgebiet flächendeckend beleuchteten. Damals gab es noch rund 3000 Gasleuchten, die ein sanft funkelndes Licht verbreiteten und dabei ein leises Zischen verströmten. Sie wurden mittlerweile auf LED-Technik umgerüstet. Die Gründe für den Austausch sind einerseits enorme Energieeinsparungen durch die LED-Leuchten und andererseits der höhere Wartungsaufwand der gasbetriebenen Lampen, deren Gasglühstrümpfe einmal im Jahr ausgewechselt werden müssen. An ganz bestimmten Plätzen im Innenstadtgebiet gibt es die Gaslaternen aber noch. Dort erinnern sie uns an die alten Tage, als noch Kutschen durch die Straßen fuhren und der Lampenanzünder mit seiner langen Zündstange die Laternen zum Leuchten brachte – Romantik pur.

Alte Gaslaternen in der Domstraße. Wenn es abends in der Stadt ruhig geworden ist, kann man sie nach Einbruch der Dunkelheit zischen hören. Romantisch.

Das prächtige Renaissance-Gebäude, genannt „Haus zum Römischen Kaiser“, beherbergt heute das Gutenberg-Museum. Eine angemessene Adresse für das im Jahr 1900 von Mainzer Bürgern gegründete Museum zu Ehren ihres großen Sohnes Gutenberg.

LUST AUF „SCHWARZE KUNST“? – DAS GUTENBERG-MUSEUM

Im Druckladen des Gutenberg-Museums können Sie die Kunst des traditionellen Druckens regelrecht begreifen lernen. Die Ausstattung mit alten Druckerpressen, Setzkästen, vielfältigem Typenmaterial und den typischen Gerüchen nach Terpentin, Öl und Farbe verbreitet ein Ambiente längst vergangener Druckzeiten und macht neugierig auf die alten Techniken. Ob Jung oder Alt – hier kann jeder seine handwerklichen und künstlerischen Fähigkeiten zeigen und seine eigenen Druckwerke herstellen. Und wie das geht, erfahren Sie unter fachkundiger Anleitung: das Setzen mit alten Holz- und Bleilettern, die richtige

Im Druckladen des Gutenbergmuseums kann jeder unter Anleitung seine kleinen Kunstwerke selbst setzen und drucken. Ein spannendes Erlebnis.

Einfärbe-Technik und dann das Drucken mit einer der Handpressen oder einer alten Kniehebelpresse. Halt: Papier nicht vergessen! Sonst verschmutzt die Farbe die Presse, und die soll ja schließlich aufs Papier gedruckt werden. Die schwarze Druckfarbe war es übrigens auch, die der handwerklichen und künstlerischen Druckertätigkeit den Namen „Schwarze Kunst" einbrachte, weil man mit ihr Vervielfältigungen auf Papier herstellen konnte.

DER NÄCHSTE WINTER KOMMT BESTIMMT – DER MANTELSONNTAG

Immer am letzten Sonntag im Oktober vor Allerheiligen öffnen die Mainzer Geschäfte zwischen 13 und 18 Uhr ihre Türen, damit man sich mit dem Kauf dicker Jacken und Mäntel auf den bevorstehenden Winter vorbereiten kann. Diese Tradition gibt es schon seit vielen hundert Jahren und war früher besonders bedeutsam für die ländliche Bevölkerung, die an diesem Tag in die Stadt reiste, um sich für den Winter einzudecken. Mittlerweile hat sich der Mantelsonntag zu einem regelrechten Festtag für die Mainzer entwickelt, der mit vielen weiteren musikalischen und künstlerischen Attraktionen den herbstlichen Shoppingtag umrahmt. Dabei darf man auch schon an das bevorstehende Weihnachtsfest denken. Der Mantelsonntag bietet eine gute Gelegenheit, ohne Weihnachtsstress das eine oder andere Geschenk für seine Lieben zu finden. Denn Sie wissen ja: Weihnachten kommt immer so schnell.

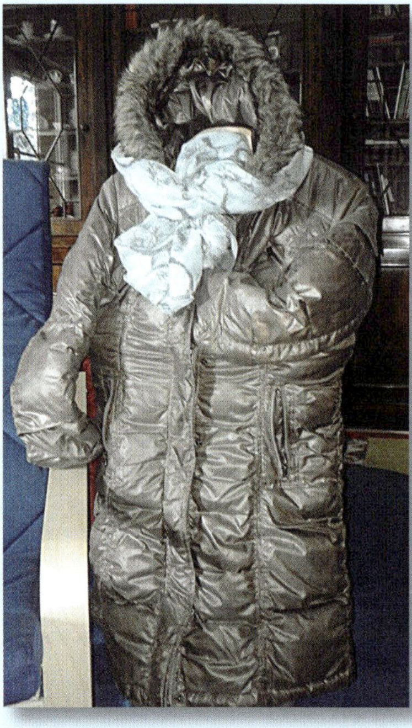

Der nächste Winter kommt bestimmt. Das wussten schon unsere Altvorderen und deckten sich rechtzeitig mit warmen Sachen ein.

Brezelstände sind genauso wenig wegzudenken aus Mainz wie der Dom oder die Meenzer Fassenacht.

VOM KULTBROT ZUM KULTIGEN GEBÄCK – DER BREZEL

In der Mainzer Innenstadt gibt es eine Reihe von Brezelhäuschen, deren Standorte sich hervorragend zum Verabreden eignen. Nicht nur, weil sie als alte Mainzer Institutionen allen Mainzern bekannt sind, sondern weil man im Falle des Wartens die Zeit wunderbar mit dem Genuss eines frisch gebackenen Brezels überbrücken kann. Vielleicht bleibt dabei auch Zeit, sich Gedanken über Form, Herkunft und Popularität dieses geschmackvollen Laugengebäcks zu machen? Die Form des Brezels geht zurück auf das römische Ringbrot, das schon im antiken Rom als Kultbrot und danach von den frühen Christen als Eucharistiebrot für das Abendmahl verwendet wurde. Im Verlauf von vielen Jahrhunderten veränderte sich sein Aussehen zu der heute typischen Form mit den zwei geknoteten inneren Brezelärmchen. Seine prägnante Form hat den Brezel schon vor hunderten von Jahren zum Glücksbringer werden lassen, der gerne als Geschenk an die Lieben weitergegeben wurde. Auch die Bäcker gaben ihm einen Platz in ihrem Wappen und wiesen seit dem 19. Jahrhundert damit auf ihre Backqualitäten hin.

IMMER GUT DRAUF

WECK, WORSCHT UN WOI

MEENZER MISCHUNG

Mainz

TYPISCH

DOPPELT GEMOPPELT – MAINZER VERDOPPLUNGEN

E Tässje-Tassekaffee gefällig, oder vielleicht doch lieber e Fläschje-Flaschebier? Solche humorvolle Wort-Verdoppelungen, die für „eingeborene" Meenzer selbstverständlich sind, rufen bei Neumainzern und Messfremden häufig Erstaunen und Schmunzeln hervor. Doch diese spöttischen Wortschöpfungen sind nur eine von vielen Eigenheiten unseres liebenswerten Multi-Kulti-Dialekts. Die unterschiedlichen Sprachen und Lebenskulturen der vielen Besatzer, die in den letzten 2000 Jahren hier lebten und durchmarschiert sind, haben dem Meenzer Dialekt ihren Stempel aufgedrückt. Wen wundert's also, dass unser Meenzer Gebabbel besonders mit französischem Vokabular gespickt ist? Immerhin haben sich unsere französischen Nachbarn bis ins 20. Jahrhundert sehr gern und

Die Schimpftirade im Mainzer Dialekt bezieht sich auf die vielen schief gewachsenen Altstadtkinder, die in früheren Zeiten häufig wegen extremem Sonnenmangel an Rachitis erkrankten.

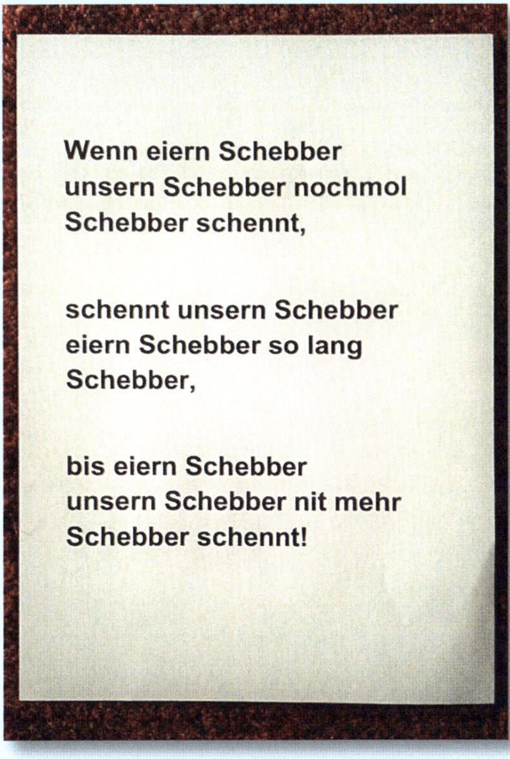

häufig für längere Zeit in der Garnisonstadt Mainz aufgehalten. Wer jetzt allerdings glaubt, dass der Meenzer Dialekt französisch klingt, der irrt: Betont wird bei uns hartnäckig auf der ersten Silbe! So wird aus Trottoir „Trottwaar“ und aus Portemonnaie wird „Portmonnee“. Auch Bassin klingt auf Deutsch wie „Basseng“. Und die „Monderscheib“ kommt von „montre“ und bezeichnet das Schaufenster eines Ladens, um nur einige der vielen täglich benutzten Wörter französischer Herkunft zu nennen.

OFFEN, TOLERANT UND LEBENSFROH – DIE MAINZER LEBENSART

Die typische und viel gepriesene Mainzer Lebensart hat sich über lange Jahre aus einer 2000-jährigen wechselvollen Geschichte peu à peu entwickelt. Unterschiedliche Besatzer mit unterschiedlichen Kulturen, mächtige erzbischöfliche Herrscher und verheerende Kriege – sie alle haben ihre Spuren hinterlassen und

Für Einheimische und Wahl-Mainzer bestimmt der schönste Wochenmarkt weit und breit.

den Mainzern ihre Stempel aufgedrückt. Das Ergebnis präsentiert heute einen gastfreundlichen, offenen, toleranten und lebensfrohen Menschenschlag, der gerne feiert und humorvoll den Herausforderungen des Lebens begegnet. Mit einer guten Portion gewachsenem Selbstbewusstsein und der Fähigkeit, sich nicht von Problemen erdrücken zu lassen, meistert der Mainzer sein Leben und verschönt es durch seine Feierfreudigkeit und Geselligkeit mit anderen. Die vielen Gäste der großen Mainzer Feste, wie Fassenacht, Johannisfest, Mainzer Weinmarkt, aber auch die Besucher der wöchentlichen Markttage und Mainzer Winzerstände beweisen, dass sie sich willkommen fühlen, dass die Herzlichkeit und Fröhlichkeit der Mainzer ansteckend ist und gute Laune verbreitet.

IDEALER WEINBEGLEITER – DER SPUNDEKÄS'

In den Mainzer Weinstuben und Speiselokalen finden Sie in der Regel auf jeder Speisekarte die Meenzer Spezialität: Spundekäs'. Für viele ein „Muss" zum Wein, wie schon der Karnevalist Adolf Gottron von den Mombacher Bohnebeitel einst wusste:

„Ein jeder wääß, zum achte Gläsje gehört dem Mensch e Spundekäsje.
Des reizt de Gaume, stärkt de Mage – korz, mer kann widder ään vertrage.“
Und hier das Blitzrezept für den Mainzer Klassiker:
2 Teile Frischkäse und 1 Teil Sahnequark mit der Hand verrühren, Würzen mit Pfeffer, Salz und Paprika. Fertig. Dazu kleine Salzbrezeln und gehackte rohe Zwiebeln.
Wer mit dem Begriff Spundekäs´ nichts anzufangen weiß, hier kommt die Erklärung: Der Spundekäs' wurde früher länglich auf dem Teller angerichtet und ähnelte so dem Spund von einem Weinfass.

Spundekäs mit Zwiebeln und Brezelchen. Dazu ein Glas Weißwein. Ein Hochgenuss.

IMMER GUT DRAUF – DIE SCHWELLKÖPP'

Wer heute zum Rosenmontagszug oder zu anderen großen Veranstaltungen in Mainz geht, begegnet ihnen zwangsläufig: den Määnzer Schwellköpp. Obwohl die meisten von ihnen schon hochbetagt sind, laufen sie immer noch gut zu Fuß und lachend durch die Straßen und stecken die Menschen mit ihrer guten Laune an. Gemeint sind die überdimensional großen Pappmachéfiguren, die aus

Gesicht, Hals und Oberkörper bestehen und satirisch überspitzte charakteristische Gesichtszüge der Meenzer – Männlein wie Weiblein – tragen.
Erschaffen wurden die ersten Exemplare in der Werkstatt des Mainzer Bildhauers Ludwig Lipp am Gartenfeldplatz. Bereits 1927 konnten die Mainzer Traditionsköpfe zum ersten Mal im Rosenmontagszug mitlaufen, wo sie als Schwellkopp, Dickkopp, Wirrkopp, Knallkopp und Quatschkopp auftraten. Mittlerweile ist die Schwellkopp-Sippe zur Großfamilie mit 30 Mitgliedern gewachsen.
Die lustigen Dickköpfe sind seit ihrem Bestehen ein fester Bestandteil der Meenzer Fassenacht. Am Rosenmontag werden die bis zu 25 Kilogramm schweren Köpfe vier Stunden lang von starken Männern über eine Zugwegstrecke von sieben Kilometern getragen und erfreuen mit ihren grellen Farben und übergroßen verrückten Hüten das närrische Volk.

Schwellkopp Quatschkopp steckt seine Nase in viele Sachen, von denen er nichts versteht und quatscht deshalb dummes Zeug.

Schwellkopp Pulverdutt ist als Clown geschminkt, hat bei seiner Frau nicht viel zu lachen und genießt deshalb besonders die Mainzer Fassenacht.

MEENZER WWW –
WECK, WORSCHT UN WOI

Vor allem die jüngere Generation glaubt sicherlich ganz spontan zu wissen, was mit den drei Buchstaben gemeint ist: „World Wide Web". Vor 40 Jahren wäre die Antwort sicherlich anders ausgefallen. Denn schon lange bevor das Internet seinen Einzug in unsere Lebenswelt gehalten hat, waren in Mainz und Umland die drei Ws als Synonym für eine traditionelle Mahlzeit bekannt: Weck, Worscht un Woi, also Paarweck oder Wasserweck (Doppel-Brötchen), Fleischwurst (kalt oder heiß) und Wein. Damit ist klar, dass es sich hierbei um eine schnell zubereitete Zwischenmahlzeit handelt, die überall unkompliziert gegessen werden kann: im Weinberg bei der Weinlese, während der Fassenachtszeit, auf der Reise oder aber als Frühstück auf dem Mainzer Wochenmarkt. Denn für Weck, Worscht und Woi benötigt man nur einen Korkenzieher für die Weinflasche und ein Messer für das Abpellen der Wursthaut. Fertig. Gegessen wird dann direkt von der Hand in den Mund. Zwischendurch wird alles mit einem guten Tropfen abgerundet – eine gute Möglichkeit, mit diesem typischen Gericht die Mainzer Lebensart kulinarisch zu erfahren.

Kommt auch immer gut als Mitbringsel an: Meenzer Fleischworscht, Weck un e Fläschje.

MEENZER MISCHUNG – DIE ÄLTESTE KAFFEERÖSTEREI DER STADT

„Die Mischung macht's", so sagt der Volksmund und behält recht, denn diese hier ist zweifelsfrei gelungen. Sie bietet höchsten Genuss mit vollem schokoladigem Bukett und feinen und späten Säuren. Nein, nicht von einem Cuvée-Wein ist die Rede, sondern von dem anderen beliebten Getränk der Mainzer: Kaffee. Schon seit 1926 wird in der Mainzer Kaffeemanufaktur, der ältesten Rösterei der Stadt, bester Rohkaffee aus südamerikanischem Hochlandanbau schonend und zeitaufwändig zu duftenden Kaffeebohnen geröstet. Natürlich fair gehandelt und biologisch angebaut. Ein Eldorado für Kaffeebegeisterte, denn mittlerweile bietet das Traditionshaus mit Sitz in der Mainzer Neustadt weit über 20 verschiedene Kaffeespezialitäten an, die alle im Café B 20, dem ehemaligen Café Bachmann in der Innenstadt, ausgeschenkt werden. Und wenn Sie sich nicht gleich entscheiden können zwischen einem säurearmen, milden oder aromatischen Filterkaffee, Espresso oder Schümli, zubereitet als Cappuccino oder Latte Macchiato, hier ein Tipp: Gönnen Sie sich ein Tässje-Tassekaffee der typischen Meenzer Mischung, bekannt als ausgewogener und kräftiger Allrounder, und erleben Sie dabei Mainzer Kaffeefaszination pur.

Das Café B 20 in der Betzelstraße ist weit über die Mainzer Grenzen bekannt. Hier kann man die Kaffeespezialitäten der Mainzer Kaffeemanufaktur genießen und dem Alltagsstress entfliehen.

PARTNERSCHAFTEN

PATROUILLE AUF DEM RHEIN

BUSLINIE 6

Mainz

VERBINDEND UND TRENNEND

EINFACH ABGETRENNT – DIE AKK-GEMEINDEN

Mitten auf der Theodor-Heuss-Brücke stehen zwei Schilder und erinnern daran, dass hier die Stadtgrenze zwischen den Landeshauptstädten Mainz und Wiesbaden verläuft. Der Brückenbenutzer, von der hessischen Seite aus kommend, liest auf dem Schild „Landeshauptstadt Mainz“, doch fährt er von Mainz über die Brücke zurück, sieht er auf dem anderen Schild die Bezeichnung „Landeshauptstadt Wiesbaden Stadtteil Mainz-Kastel“. Wieso „Mainz-Kastel“? Das fragen sich viele Nicht-Mainzer und Mainz-Neulinge, die davon ausgehen, dass in der Mitte unter ihnen der Rhein die Landesgrenze zwischen Hessen und Rheinland-Pfalz bildet. Die rechtsrheinischen Orte Amöneburg, Kastel und Kostheim, nach deren Anfangsbuchstaben auch AKK-Gemeinden genannt, wurden 1908 und 1913 zu

Über die Theodor-Heuss-Brücke geht es nach Mainz-Kastel, das zu Wiesbaden gehört – verwirrend.

Mainz eingemeindet. Darüber hinaus war Kastel als ehemaliger römischer Brückenkopf ohnehin schon immer eng mit Mainz verbunden. Nach dem Zweiten Weltkrieg änderte sich aber alles: Der Rhein wurde von den Alliierten zum Grenzfluss zwischen der linksrheinisch französischen und rechtsrheinisch amerikanischen Besatzungszone erklärt, ohne die gewachsenen Zugehörigkeitsgefühle der Bürger in den Mainzer Stadtteilen auf der rechten Rheinseite zu berücksichtigen. Die Mainzer Vororte Kastel, Kostheim und Amöneburg wurden von der amerikanischen Militärregierung einfach abgetrennt und im Herbst 1945 dem neu gegründeten Bundesland Hessen mit der Landeshauptstadt Wiesbaden zugeschlagen. Bis heute gibt es Bestrebungen einer Rückangliederung an Mainz, die aber kaum Aussicht auf Erfolg haben dürften. Dass das Thema aber immer noch relevant ist, wissen alle Fassenachter. So mancher gut platzierter Seitenhieb wird dann über den Rhein nach Wiesbaden geschickt, um nachhaltig klarzustellen, dass rechts des Rheins auch noch Mainz ist.

FREUNDSCHAFTLICH VERBUNDEN – STÄDTEPARTNERSCHAFTEN

Fährt man in die Stadt Mainz, sieht man an den Ortseingängen in der Nähe des Ortsschildes häufig Tafeln mit den Städtenamen, die mit Mainz städtepartnerschaftlich verbunden sind. Gut, wenn die Verkehrsampel dann rot ist, damit man alle elf Namen lesen kann.
Angefangen hat alles mit der englischen Stadt Watford, die im Jahr 1956 die erste Mainzer Partnerstadt wurde. Zwei Jahre später folgte Dijon, dann Zagreb, Valencia, Haifa, Erfurt, Louisville, Baku, Longchamp, Rodeneck und zuletzt Kigali, Hauptstadt von Ruanda. Alle Städte haben das Ziel, einen Beitrag zur Völkerverständigung zu leisten, indem sie die Menschen aus verschiedenen Ländern zusammenführen, Vorurteile abbauen und Freundschaften entstehen lassen. Lag der Schwerpunkt der Aktivitäten bisher hauptsächlich in der Organisation von Schüleraustauschen und gegenseitigen Besuchen von Sport-, Musik und Feuerwehrvereinen, tauschen sich die Städte mittlerweile auch zu Themen im Verwaltungsbereich aus. Bleibt zu hoffen, dass die Angebote unserer Städtepartnerschaften – auch bei fortschreitender Globalisierung – weiterhin angenommen und gelebt werden, damit Mainz noch viele Goldene und Silberne Hochzeiten mit seinen Partnerstädten feiern kann.

Auf dem Schild, das an der stark befahrenen Pariser Straße aufgestellt ist, kann man – vor allem bei Stop and Go - alle Partnerstädte der Landeshauptstadt Mainz lesen.

Schon lange kein Geheimtipp mehr: die samstägliche Kultveranstaltung Mainzer Marktfrühstück. Im Schatten des Doms trifft sich Gott und die Welt zum gemütlichen Beisammensein.

GEMEINSAM STATT EINSAM – DAS MAINZER MARKTFRÜHSTÜCK

„Gefrühstückt werd dehääm." In der Regel schon, aber nicht unbedingt, wenn es Samstag ist und die Tische unter den Schirmen der Mainzer Winzer auf dem Liebfrauenplatz zum Mainzer Marktfrühstück einladen. Dann zieht es viele Mainzer und Mainzfreunde zu ihrem schönsten Frühstücksplatz im Schatten des Doms, wo zwischen März und November die seit 1999 ins Leben gerufene samstägliche Frühstücks-Runde bis in die Nachmittagsstunden stattfindet. Man sitzt mit netten Menschen unter freiem Himmel, genießt Weck und Worscht von den Metzger- und Bäckerständen des Mainzer Wochenmarktes und probiert dazu die wöchentlich wechselnden guten Tropfen der Mainzer Winzer. Wichtig natürlich auch: Sehen und gesehen werden. Frühstücksmuffel werden hier ganz sicher eines anderen belehrt.

GREAT WINE CAPITAL MAINZ – DIE RHEINHESSISCHEN WEINE

Wenn Sie gerne Wein trinken, sind Sie in Mainz, der Weinhauptstadt von Rheinhessen, gut aufgehoben. Egal, ob Sie Liebhaber von Riesling, Silvaner, Müller Thurgau, Burgunder Sorten oder Chardonnay sind – in Deutschlands

Am Rheinufer in Höhe des Rathauses steht ein grüner Schilderbaum mit den Namen der exklusivsten Weinhauptstädte weltweit. Die Schilder weisen in die Richtungen der genannten Städte und zeigen die Entfernungen zu den renommierten Weinbauregionen.

größtem Weinanbaugebiet Rheinhessen mit über 26 600 Hektar Rebfläche und über 2800 Winzerbetrieben finden Sie sicherlich Ihren Lieblingswein. Dass die rheinhessischen Winzer es verstehen, ausgezeichnete und qualitativ hochwertige Weine zu keltern, blieb der Welt natürlich nicht lange verborgen. So wurde Mainz mit Rheinhessen im Mai 2008 als erste und einzige deutsche Stadt in das weltweite Netzwerk „Great Wine Capitals“ aufgenommen, das mit weiteren neun Mitgliedern die hervorragendsten und bekanntesten Weinbauregionen mit deren Weinhauptstädte zusammenschließt. Für Mainz und Rheinhessen stellt diese Zugehörigkeit ein Türöffner zur internationalen Wein-Welt dar, denn eine solche Mitgliedschaft fördert das Knüpfen von interessanten Kontakten und den regen Austausch von Fachwissen zwischen den renommierten Wein-Metropolen wie Bordeaux, Kapstadt, San Francisco, Adelaide oder Verona. Eine gute Gelegenheit, ausgezeichnete Weine von weither zu verkosten, haben Sie auf dem Mainzer Weinmarkt im Stadtpark und Rosengarten. Dort wird für die Festtage ein Great-Wine-Capitals-Dorf aufgebaut, in dem jährlich abwechselnd einer der Städtepartner seine Weine mit lukullischen Besonderheiten der jeweiligen Region vorstellt.

Freiluftiger und naturverbundener geht's kaum: Am letzten August- und ersten Septemberwochenende feiern die Mainzer gemeinsam mit den Mainz-Besuchern den Weinmarkt unter den lauschigen alten Bäumen des Stadtparks.

Allein für diesen grandiosen Blick auf Mainz lohnt sich eine Busfahrt von Wiesbaden nach Mainz.

Von Wiesbaden nach Mainz – Die Buslinie 6

Fragen Sie einen echten Mainzer, was das Schönste an Wiesbaden ist, erhalten Sie garantiert die prompte Antwort: die Buslinie 6 von Wiesbaden nach Mainz. Diese Buslinie der Mainzer Verkehrsgesellschaft verbindet die gegenüberliegenden Landeshauptstädte Mainz und Wiesbaden, über deren unterschiedliche Entwicklungen und Besonderheiten immer gerne gefrotzelt wird.

Das Besondere in diesem Fall: Erreicht der aus Richtung Wiesbaden kommende Busfahrgast den Kasteler Brückenkopf, schaut er auf die beeindruckende Skyline von Mainz mit vielen Kirchtürmen und barocken Gebäuden entlang des Rheinufers. Ein grandioser Blick, der schon viele Poeten zu literarischen Höhenflügen hat hinreißen lassen. So schwärmte 1818 auch der Frankfurter Historiker, Nikolaus Vogt, mit den Worten: „Um das Paradies zu verstehen, muss man Mainz von der Brücke aus sehen."

PATROUILLE AUF DEM RHEIN – DIE RÖMER IN MAINZ

Das war eine Aufregung im November 1981, als Bagger in der Löhrstraße bei Ausschachtungsarbeiten für das Hotelgebäude Hilton II auf einen sensationellen Fund stießen: gut erhaltene Wracks von mehreren römischen Kriegsschiffen aus

Das Original dieses römischen Kriegsschiffes aus dem 4. Jahrhundert wurde 1982 an dieser Stelle ausgegraben und kann heute im Museum für Antike Schifffahrt besichtigt werden.

dem vierten nachchristlichen Jahrhundert. Folge: Baustopp, bis auch das letzte Römerschiff geborgen war.

In den Jahren 13/12 vor Christus errichtete der römische Feldherr Drusus auf dem heutigen Kästrichhügel ein Legionslager für 12 000 Legionäre als Ausgangspunkt für die Eroberung der germanischen Gebiete auf der rechten Rheinseite. Mogontiacum nannten die Römer dieses Castrum, das sich schnell zu einem wichtigen militärischen Stützpunkt entwickelte. Zur Unterhaltung und Versorgung benötigte ein Lager dieses Ausmaßes natürlich viele Handwerker, Kaufleute und Wirte, die hauptsächlich aus dem keltisch geprägten Umland kamen und sich aufgrund der guten Arbeitsmöglichkeiten unterhalb des Lagers ansiedelten. So entstand in kurzer Zeit eine bedeutende Zivilstadt, die später den Namen Mogontiacum übernahm.

Ab dem dritten Jahrhundert nahmen allerdings die germanischen Überfälle so zu, dass Mogontiacum nun mit einer Stadtmauer geschützt werden musste. Um die Sicherheit noch zu erhöhen, kontrollierten die römischen Soldaten zusätzlich das Rheinufer durch Patrouillenfahrten mit Schiffen. Doch trotz aller strategischen Maßnahmen konnten sie weitere Germaneneinfälle im vierten und Anfang des fünften Jahrhunderts nicht abwehren. Alanen, Sueben und Vandalen fielen ein über den Rhein und plünderten und verwüsteten schwer die Stadt, was schließlich das Ende des römischen Mainz einleitete. Um das Jahr 454 war es dann soweit: Die Römer verließen endgültig die Stadt und ließen ihre nicht mehr benötigten Schiffe zurück. Nach nun anderthalb Tausend Jahren sind sie wieder an die Oberfläche gekommen und können im „Museum für Antike Schifffahrt" des Römisch-Germanischen Zentralmuseums besichtigt werden.